WALKING DEAD
MAKING OF
LE GUIDE OFFICIEL DE LA SÉRIE

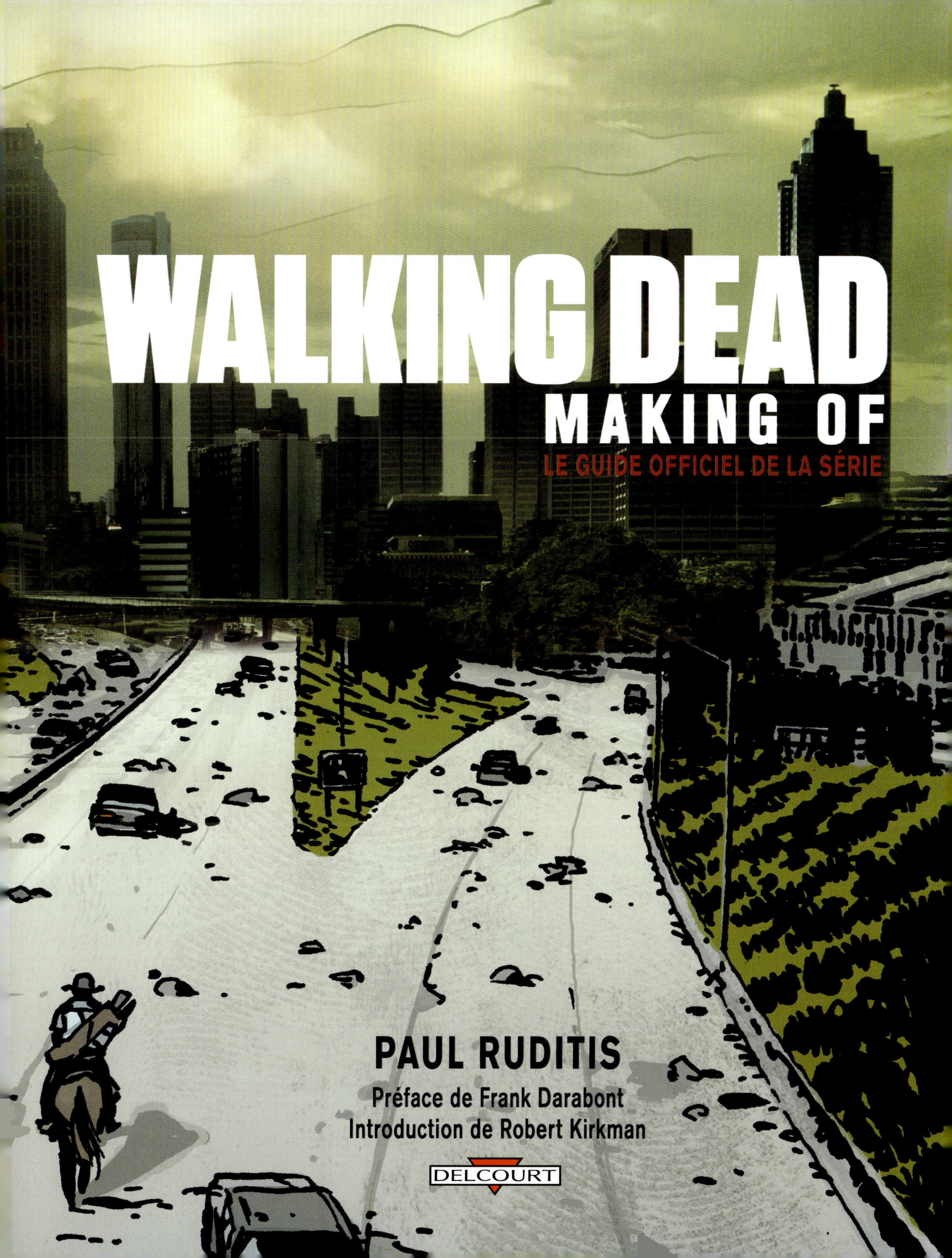

WALKING DEAD

MAKING OF

LE GUIDE OFFICIEL DE LA SÉRIE

PAUL RUDITIS

Préface de Frank Darabont
Introduction de Robert Kirkman

DELCOURT

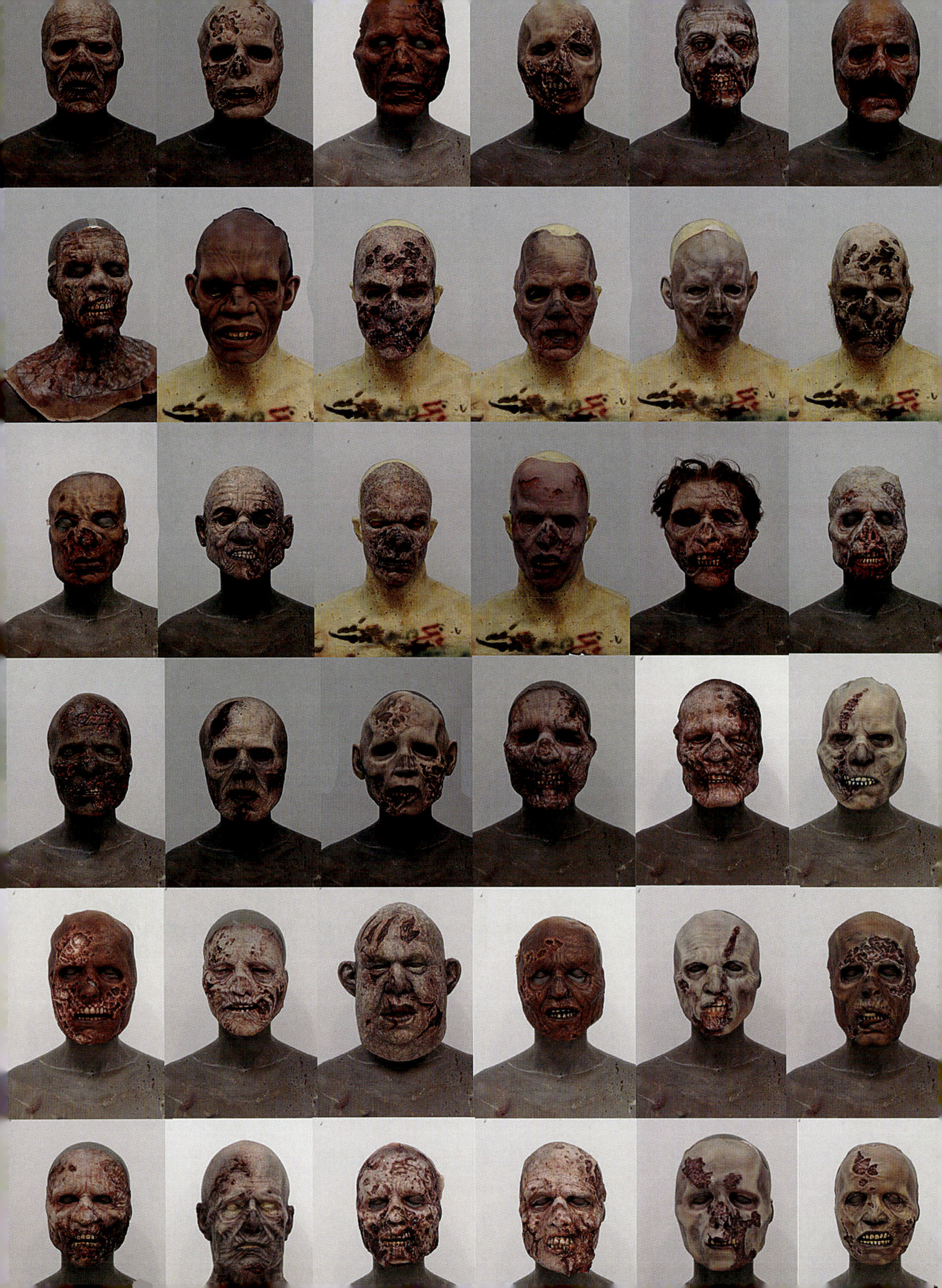

SOMMAIRE

PRÉFACE de Frank Darabont 6

INTRODUCTION de Robert Kirkman 8

UN : BÂTIR UN UNIVERS EN BD 12

DEUX : DE LA PAGE À L'ÉCRAN 42

TROIS : INSUFFLER LA VIE AUX CADAVRES 70

QUATRE : PEUPLER LE MONDE DE *WALKING DEAD* 92

CINQ : ADAPTER LE STYLE GRAPHIQUE DE *WALKING DEAD* 116

SIX : LE TERRITOIRE DES MORTS 144

SEPT : AUTOPSIE 170

HUIT : SORTEZ VOS MORTS 188

PRÉFACE

Pour moi, ce fut instantané. Je ne pouvais qu'avoir envie d'adapter cette série.

Ça faisait des années que je rêvais de raconter une histoire de zombies. J'adore l'imagerie zombie et l'univers de George Romero. Je recherchais l'opportunité de jouer dans ce bac à sable. Le moment semblait idéal. Aujourd'hui encore, je m'étonne du succès florissant rencontré par ce « sous-genre » horrifique auprès du grand public, alors qu'il ne plaisait qu'aux allumés dans mon genre. Nous autres, amateurs de zombies cannibales, avions pris l'habitude de rester discrets, mais depuis une dizaine d'années, les zombies se sont fait une place au soleil dans la culture populaire. Je ne m'attendais pas à ça. Désormais, on peut voir des grands-mères acheter des livres de zombies pour leurs petits-enfants dans de grandes librairies.

Je ne savais pas trop dans quel bac à sable je trouverais mes zombies jusqu'au jour où j'ai découvert le premier recueil de *Walking Dead* dans un *comic shop*. En le voyant, je me suis dit : « Super ! Une histoire de zombie. Tout juste ce qu'il me fallait ! » Je l'ai acheté tout de suite et je l'ai ramené chez moi.

En lisant le premier épisode, ce soir-là, je me suis dit que ça ferait une très bonne série télé. Et en lisant le deuxième, je me suis dit que j'appellerais mon agent le lendemain pour voir si les droits étaient disponibles.

Les *comics* de Robert m'avaient fourni précisément ce que je recherchais. Le lendemain matin, j'ai donc appelé mon agent. Je lui ai dit « pour la télévision, qu'y a-t-il de mieux qu'une "série chorale" bien pensée, axée sur les personnages, qui se déroulerait en pleine apocalypse zombie ? »

Il a adoré l'idée. Puis, pendant cinq ans, on a essuyé refus sur refus. Gale Anne Hurd est devenue coproductrice. Et enfin – heureusement – AMC a vu la lumière et a dit oui. Depuis, ma vie est pleine de zombies.

Une bande dessinée, c'est une chose. Une série télévisée, c'en est une autre. Robert écrit des histoires sombres et difficiles. En tant que fan des *comics*, je tiens à revisiter ces endroits lugubres que Robert nous a fait découvrir. Mais il faut un certain équilibre. Ça ne peut pas être tout le temps tout noir, sinon, on perd des téléspectateurs. Robert lui-même s'est inquiété de l'accueil réservé par un public plus large, dans un médium différent, à certains événements survenus dans son *comic book* sur une période de, mettons, cinq ans. Trouver le ton juste et le maintenir sera un défi permanent. Tant que la série durera, on marchera sur des œufs quant à cette question du temps. Il faudra beaucoup discuter avec Robert. Pas question d'aller trop loin dans une direction aux dépens d'une autre. Cette série se doit d'impliquer son public et de faire ce que la télévision fait de mieux : raconter une longue histoire à propos de personnages qu'on a envie de suivre sur le long terme. Il s'agit d'une infinité de petits instants, et pas seulement de gros coups d'éclat.

Je suis fier de cette série, de son côté intrigant. C'est quelque chose que *j'aurais envie de regarder*. Si j'entendais parler d'une série de zombies, c'est précisément *Walking Dead* que je rêverais de voir. Si je suis un bon baromètre, je pense qu'on a pris un sacré bon départ.

Et le mieux, c'est que les fans ont l'air d'accord, ce qui me rend très heureux.

Frank Darabont

FRANK DARABONT *est le producteur, réalisateur et scénariste des films* Les Évadés *et* La Ligne Verte, *nominés aux Oscars et aux Golden Globe Awards. Il a développé la série* The Walking Dead *pour AMC en tant que producteur délégué, scénariste, réalisateur et directeur d'écriture. Il vit en Californie, à Los Angeles.*

INTRODUCTION

À l'heure où j'écris ces mots, je suis dans un hôtel à Atlanta, et le tournage de la deuxième saison de *The Walking Dead* vient juste de débuter pour le réseau câblé AMC. Je viens de boucler le script du 88e numéro de *Walking Dead*, la série de *comics* chez Image Comics / Skybound. McFarlane Toys vient de publier des photos de deux nouvelles lignes de jouets basées, l'une sur la série TV, et l'autre sur les *comics*. Je viens d'apprendre que, la semaine prochaine, le recueil des épisodes 79 à 84, intitulé *Walking Dead* Volume 14: *No Way Out*, intégrera la « Must List » d'*Entertainment Weekly*. J'ai pu admirer des illustrations du jeu vidéo *Walking Dead* de Tell Tale Games. Je viens de passer une dernière fois sur le premier roman *Walking Dead*, *Rise of the Governor* (« l'Ascension du Gouverneur ») avec mon co-romancier, Jay Bonansinga. Ce matin, j'ai vu le prototype d'une *lunch box*. J'ai approuvé le design d'un nouveau T-shirt. Il y a des tasses en préparation. Et deux jeux de société. J'ai récemment décliné la proposition de lancer un parfum *Walking Dead*... Ça devient de la folie.

Sérieux. Du parfum.

Grâce à ces charmantes personnes de chez AMC et Fox International, *The Walking Dead* est devenu un phénomène mondial. C'est un euphémisme, mais je crois qu'on peut dire que je suis dépassé par le succès de *Walking Dead*.

Mais, finalement, n'est-ce pas le souhait de tout créateur ? Créer quelque chose – un *comic book*, un roman, une série télé, un film, etc. – c'est un peu comme avoir un enfant... Et l'objectif des parents n'est-il pas de donner à leur enfant tout ce dont il a besoin pour lui permettre de quitter le nid, et de se débrouiller dans le monde comme un grand ? De ce point de vue, on ne crée pas quelque chose rien que pour soi. On veut le partager avec le plus grand nombre.

Du coup, c'est vraiment génial que *Walking Dead* ne soit plus seulement mon truc à moi ; une série sur laquelle je bosse comme un fou avec mes collaborateurs Charlie Adlard, Cliff Rathburn et Rus Wooton, afin de livrer nos *comics* dans le monde entier à des millions de lecteurs, que je ne rencontrerai sans doute jamais.

Walking Dead n'est plus seulement mon bébé à moi. Il y a une armée de scénaristes, d'illustrateurs, de réalisateurs, de musiciens, de sculpteurs, d'animateurs, de décorateurs, de costumiers, de monteurs, de producteurs et d'acteurs qui sont impliqués dans diverses productions basées sur mon idée originale. On pourrait croire que c'est éreintant nerveusement et physiquement, d'avoir autant de gens qui travaillent sur un truc qu'on a inventé dans sa chambre à l'âge de vingt-trois ans, mais en fait, c'est incroyable de considérer le chemin parcouru. Je me réjouis de savoir que, dans tous les cas, j'ai choisi personnellement chaque personne impliquée dans *The Walking Dead*. Mon bébé est entre de bonnes mains.

Ce qui m'amène à Frank Darabont. Vous avez peut-être entendu parler de lui. Il a scénarisé et réalisé des films aussi fameux que *La Ligne Verte* ou *Les Évadés*. Frank fait partie de ces metteurs en scène qui prennent leur temps entre deux films, afin de choisir le bon projet auquel se consacrer. La liste de ses œuvres n'est pas très longue, mais il met tout son cœur dans chacun des projets qu'il entreprend. Lorsque Frank est arrivé, ce fut comme une bouffée d'air frais.

En vérité, Frank Darabont n'était pas le premier gros bonnet d'Hollywood à vouloir acquérir les droits de *Walking Dead*. Quand il m'a contacté en 2005, je recevais des offres depuis deux ans. Dont certaines par des noms que vous connaissez, mais je ne les citerai pas car, dans la plupart des cas, leurs idées pour *Walking Dead* étaient atroces. Des super-zombies. Des chiens zombies. Des héros cannibales... Pour l'essentiel, on aurait cru qu'ils faisaient tout pour montrer qu'ils n'avaient absolument rien compris à la nature du projet de départ.

Puis, Frank est arrivé. C'est marrant. Quand mon manager m'a appris que Frank voulait me parler, je me suis dit « tiens, le mec des *Évadés* aime les zombies ? ». À l'époque, j'ignorais qu'il avait commencé sa carrière en écrivant des films comme *Le Blob*, *La Mouche II* et *Freddy 3 : les Griffes du Cauchemar* (regardez-les à la suite, ça vous fera comme une espèce de trilogie). Plus tard, j'allais découvrir que Frank était probablement le plus grand fan de Bernie Wrightson de la planète. Il adore les histoires de genre, de l'horreur à la science-fiction.

Mais surtout : il avait lu *Walking Dead*.

Plus important encore : il l'avait compris.

Notre première conversation téléphonique était plutôt pas mal, j'avoue. En tant que scénariste de *comics* vivant au Kentucky, je n'avais que peu discuté avec des réalisateurs de cinéma (quelques-uns, mais pas tant que ça). J'avais été épaté par le côté sympathique de Frank. Comme si nous étions deux vieux copains évoquant des films de zombies. Ce n'était pas une longue conversation, mais j'en avais retiré ce qui m'intéressait.

Frank m'avait dit exactement ce que je voulais entendre :

« J'adore ce que vous faites. »

Je plaisante. Ce que je voulais vraiment entendre, c'était :

« Ça ne parle pas des zombies. »

Selon moi, c'est la clé de *Walking Dead.* L'élément le plus simple et le plus évident. Mais Frank était le premier à saisir ça du premier coup et, encore mieux, à l'accepter. Même si j'apprécie vraiment ce genre d'histoires, *Walking Dead* n'est pas une histoire de zombies avec de l'action, du sang et des personnages épais comme du papier à cigarettes qui servent de chair à canon. *Walking Dead* est un *soap opera*. C'est un roman. C'est l'histoire poignante des survivants de la plus horrible tragédie mondiale qu'on puisse imaginer : les morts qui se relèvent pour manger les vivants.

Walking Dead, c'est l'aventure tragique de personnages à qui on en fait voir de toutes les couleurs pour observer comment ils ressortent à la fin. Et Frank n'en a pas perdu une miette. Il a tout capté. Il a vu *The Walking Dead* comme je l'ai vu. Pour la toute première fois, je me retrouvais face à face – ou plutôt voix à voix – avec quelqu'un qui semblait s'intéresser à *Walking Dead* autant que moi. Et pour les meilleures raisons du monde.

Dès le départ, j'ai su qu'on allait s'entendre, ce qui était une bonne chose car on s'engageait pour un bout de temps en se lançant dans la production d'une série télé. En fait, je dois préciser que Frank et moi n'arrivions plus à avancer sur la série qui ne se faisait pas, jusqu'à l'arrivée de Gale Anne Hurd. Elle a invité AMC autour de la table et mis les choses en branle.

Peu de temps après, des types comme Chic Eglee et Jack LoGiudice furent embauchés pour écrire la série. Greg Nicotero et KNB Effects Group furent engagés pour créer les meilleurs zombies jamais vus. Puis Frank, Gale et les gars d'AMC s'occupèrent de la distribution des rôles. On avait démarré.

À partir de là, on a eu un article dans le *TV Guide*, une promo marketing internationale impliquant des flash mobs zombies dans des villes du monde entier, quelques couvertures de magazines et une incroyable campagne sur Internet débouchant sur un début en fanfare et, à ce qu'on m'a dit, une série TV qui cartonne.

Aujourd'hui, les bouquins se vendent comme des petits pains. J'écris pour la série télé tout en continuant les *comics*, et ma vie a complètement changé. Et c'est de la balle… surtout qu'elle était déjà vachement bien au départ.

Aussi… je ne sais pas très bien où je veux en venir si ce n'est que je tiens à vous dire MERCI. Merci d'avoir acheté ce livre et de soutenir la série TV, les *comics* ou tout ce que vous voulez. Merci de nous avoir donné une chance et d'avoir transformé notre passion en succès. Merci de vous déguiser en zombies, de vous faire tatouer du *Walking Dead* ou de baptiser votre fils Rick Grimes. C'est vraiment énorme. Ça me donne envie de créer les meilleurs *comics* et la meilleure série TV possible. Vous le méritez.

Walking Dead vous appartient, à présent.*

(Et si vous aviez vraiment envie d'avoir du parfum *Walking Dead*… eh bien, désolé.)

Robert Kirkman

* Mais je garde mes royalties, d'accord ?

ROBERT KIRKMAN *est l'auteur et le créateur des séries* Invincible *et* Walking Dead *(listées dans les bestsellers du* New York Times*). Kirkman fait partie des associés d'*Image Comics *où il dirige le label* Skybound*. Il est aussi scénariste et producteur délégué de la série TV* The Walking Dead *pour la chaîne AMC. Il vit à Berkeley, en Californie.*

TM. '03
Remington

CHAPITRE UN

BÂTIR UN UNIVERS EN BD :

LA CRÉATION DE *WALKING DEAD*

Dès le départ, *Walking Dead* n'est pas une série conventionnelle. Elle révèle une profondeur qu'on ne trouve pas toujours dans les pages d'un *comic book*. La série explore l'effondrement de notre société dans un monde post-apocalyptique. Elle étudie la personnalité d'un homme poussé au point de rupture pour protéger sa famille. C'est également un commentaire sur la culture consumériste forcée à la frugalité d'une vie dépouillée de télévision et d'iPads. Robert Kirkman, le créateur de la série, a placé *Walking Dead* au cœur d'un concept très simple : une histoire de zombies qui ne se termine jamais. « Chaque fois qu'on regarde un film de zombies, ça se finit toujours de la même façon », déplore-t-il. « Soit les derniers survivants s'en vont vers le soleil levant, soit tout le monde meurt. »

Il évoque le côté abrupt habituellement associé à ces histoires, qui culminent lors d'une bataille finale sortie de nulle part, où les survivants sont poussés vers l'un des deux sorts prédéfinis. Et bien qu'il ait toujours été fan du genre, ces conclusions le laissent sur sa faim. « Il n'y a jamais vraiment eu d'histoire qui suive les personnages qui se sont éloignés vers le soleil levant », explique-t-il. « Personne n'est jamais resté dans ce monde [post] apocalyptique jusqu'à une conclusion naturelle qui raconte comment ces personnages ont lutté pour survivre, des années durant. C'était vraiment une aventure que j'aurais eu envie de lire en BD. Alors, j'ai décidé de l'écrire, parce que ça n'existait pas. »

Le pitch initial de Kirkman pour une exploration au long cours des zombies est un concept de science-fiction intitulé *Dead Planet* (« Planète Morte »). L'histoire commence sur une colonie minière basée sur une autre planète où l'on trouve un minerai capable de réanimer la chair humaine. Ce minerai finit par arriver sur Terre et précipite une apocalypse zombie futuriste. Kirkman se met au travail à partir de cette idée de base. « Ça allait être une série fun », se souvient-il. « Tony Moore, qui a illustré les six premiers numéros de *Walking Dead*, allait la dessiner… On s'est réunis pour créer le design des personnages et tout le reste. »

Kirkman et Moore sont des amis d'enfance. Une de leurs activités favorites était de regarder ensemble des films de zombies. Plus tard, alors que Moore est inscrit dans une école d'art, Kirkman le contacte pour collaborer sur un projet de *comic book* qui sera leur première publication commune : *Battle Pope*, satire mettant en scène un pape dur à cuire qui doit protéger le monde contre les démons, et qui enrôle Jésus Christ comme assistant.

Ils publient *Battle Pope* via Funk-O-Tron, la maison d'édition indépendante nouvellement créée par Kirkman. La série dure quatorze épisodes et, si elle ne met pas le feu à l'industrie des *comics*, elle permet à Kirkman de mettre un pied

CI-DESSUS : Couverture de Tony Moore et Val Staples pour la réédition de *Battle Pope* n°1 (juin 2005). Créée par Robert Kirkman et Tony Moore en 2000, la série fut la première publication de la société Funk-O-Tron.

PLEINE PAGE PRÉCÉDENTE : Couverture de Tony Moore pour *Walking Dead* n°1 (octobre 2003).

dans la porte. Pendant les trois années suivantes, il écrit une poignée de *comics*, dont *Tech Jacket* avec le dessinateur E. J. Su chez Image Comics. Si la série ne dure que six numéros, Kirkman introduit à la même période un héros qui va devenir l'un des piliers de l'univers Image Comics : Invincible, dont le *comic book* éponyme est lancé début 2003 avec le dessinateur Cory Walker.

Tandis que Kirkman développe *Invincible* pour Image, il travaille avec Moore sur une démo de cinq planches de *Dead Planet*. Ils la montrent à quelques éditeurs, dont Image, mais avant la renaissance du phénomène zombie dans la pop-culture, et l'idée ne séduit pas. Même si Kirkman aime vraiment le concept, il se rend compte qu'ils ne pourront rien en faire.

« Avec le recul, je suis bien content que ça se soit passé comme ça », déclare le scénariste. « Je tenais quand même à faire quelque chose avec Tony Moore. Avec des zombies. Alors, j'ai cherché un moyen de faire ce bouquin en le tournant de manière à ce qu'il séduise davantage les éditeurs. » Il supprime alors le côté science-fiction de l'histoire et revient au concept de base : le film de zombie qui ne se termine jamais.

Cette modification ne rassure pas pour autant les éditeurs quant au potentiel commercial du titre : les zombies n'ont pas encore fait leurs preuves. Mais le pitch corrigé allume une lueur d'intérêt chez Image Comics, l'éditeur avec lequel Kirkman travaille le plus.

Image Comics a démarré au début des années 90 sur l'impulsion d'un groupe d'artistes venus de chez Marvel, lassés de devoir céder les droits de leurs œuvres à une maison d'édition. Ces scénaristes et dessinateurs veulent créer un nouveau modèle pour l'industrie des *comics*, dans lequel les auteurs conservent la possession et les droits de leurs créations. Image devient une société riche de plusieurs labels, chacun développant le genre de prédilection de son créateur. La maison d'édition a ainsi l'opportunité d'attirer de nouveaux scénaristes aux idées innovantes qui vont au-delà des super-héros. *Walking Dead* était une de ces idées.

Eric Stephenson, le rédacteur en chef actuel d'Image Comics, dirige le marketing de la société lorsque Robert Kirkman propose sa série. Stephenson voit l'étincelle créative dans le concept, mais ça n'est pas gagné pour autant.

« À l'époque, la demande n'était pas énorme pour les histoires de zombies. Nous avons failli refuser la série, parce qu'à l'époque, les *comics* de zombies ne se vendaient pas très bien. C'était un pari risqué. »

28 Jours Plus Tard, le film de zombies de Danny Boyle, vient juste de sortir au Royaume-Uni. Il ne sera diffusé aux États-Unis que plusieurs mois après. *Guide de Survie en Territoire Zombie*, le livre parodique de Max Brooks, sera publié un an plus tard. Pour les éditeurs, les zombies sont encore loin d'être une valeur sûre, mais c'est intéressant de voir ce que Robert Kirkman pourra faire d'une histoire de zombies qui ne se termine jamais. Cependant, pour s'impliquer dans le projet, Image demande de nouveaux changements. Stephenson trouve que la nouvelle démo de cinq pages concoctée par Kirkman et Moore est encore trop convenue. Ses commentaires vont déboucher sur l'ouverture que nous connaissons, dans laquelle le shérif Rick Grimes sort du coma. Mais il manque encore quelque chose.

« Ce qu'on m'a d'abord dit à la lecture du pitch de *Walking Dead,* c'est qu'il n'y avait pas d'accroche », raconte le scénariste. « Que c'était juste une histoire de zombies classique, et qu'elle n'avait rien d'original. » À ce moment-là, il est investi à cent pour cent dans l'écriture d'une histoire de zombies traditionnelle et dépouillée. De fait, le drame humain a pris le pas sur les zombies. Mais Kirkman sait que la moindre hésitation peut être fatale au projet, alors il agit comme tout bon scénariste face au manque d'intérêt d'un éditeur. Il ment.

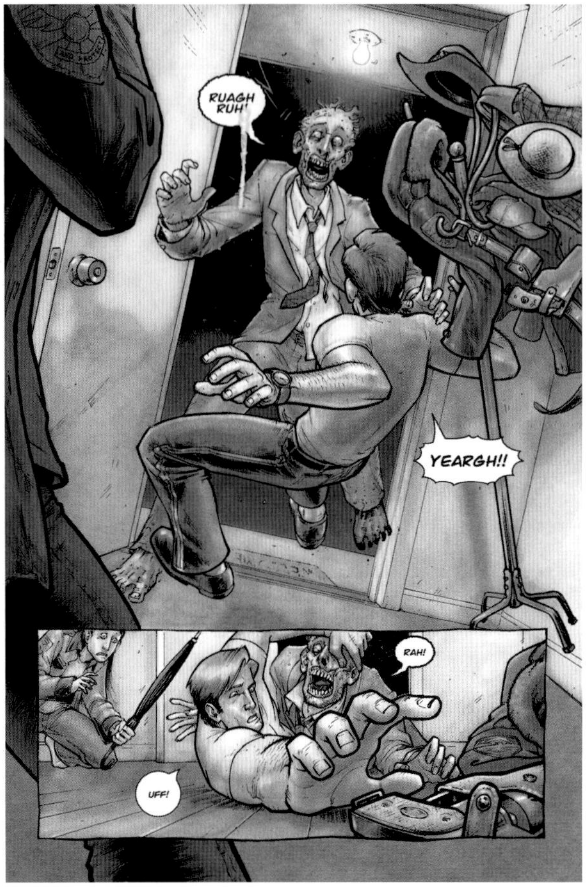

CI-DESSUS : Une planche tirée du dossier initial de présentation du projet, dessinée par Moore, sur laquelle Rick rencontre son premier « mort qui marche ».

CI-CONTRE : On saute directement dans l'histoire, lorsque Rick se réveille dans un monde changé, dès la seconde page du premier épisode, seul à l'hôpital, ignorant les dangers qui l'attendent dehors.

L'auteur repense à son premier pitch pour *Dead Planet* et emprunte quelques idées pour fournir une accroche à la nouvelle série, sans la faire reposer pour autant sur les aspects SF. « J'ai dit que toute la série allait déboucher sur une révélation ultérieure qui nous apprendrait que des extra-terrestres sont à l'origine de l'apparition des zombies, et que ça fait partie de leurs plans d'invasion planétaire. Ils affaiblissent les infrastructures gouvernementales en ramenant les morts à la vie, afin de s'approprier la Terre par la suite. »

Image accepte cette idée, sans se douter que Kirkman n'a absolument pas l'intention de la suivre. En vérité, il espère que le début leur plaira tellement qu'ils lui pardonneront son escroquerie. Le coup de fil tant redouté d'Eric Stephenson intervient peu après la livraison du premier épisode. Ce dernier n'a décelé aucun indice quant à une éventuelle implication extra-terrestre. A-t-il manqué quelque chose ou bien est-ce prévu pour un numéro ultérieur ? Kirkman joue carte sur table et avoue que pour lui, il n'est pas nécessaire de suivre cette piste. Heureusement, Stephenson tombe d'accord.

Mais l'évolution du *comic book* n'est pas terminée. Le titre de travail du nouveau pitch n'est pas encore celui qui va figurer sur la couverture au lancement de la série.

Lorsque Robert Kirkman renonce à *Dead Planet*, il doit trouver un titre qui convient à sa nouvelle histoire. Il cherche un titre qui met en avant son influence principale : *La Nuit des Morts Vivants.* Ce film de George Romero a réinventé le genre horrifique en 1968, en introduisant le [.../...]

HHHH!

LA PROPOSITION INITIALE

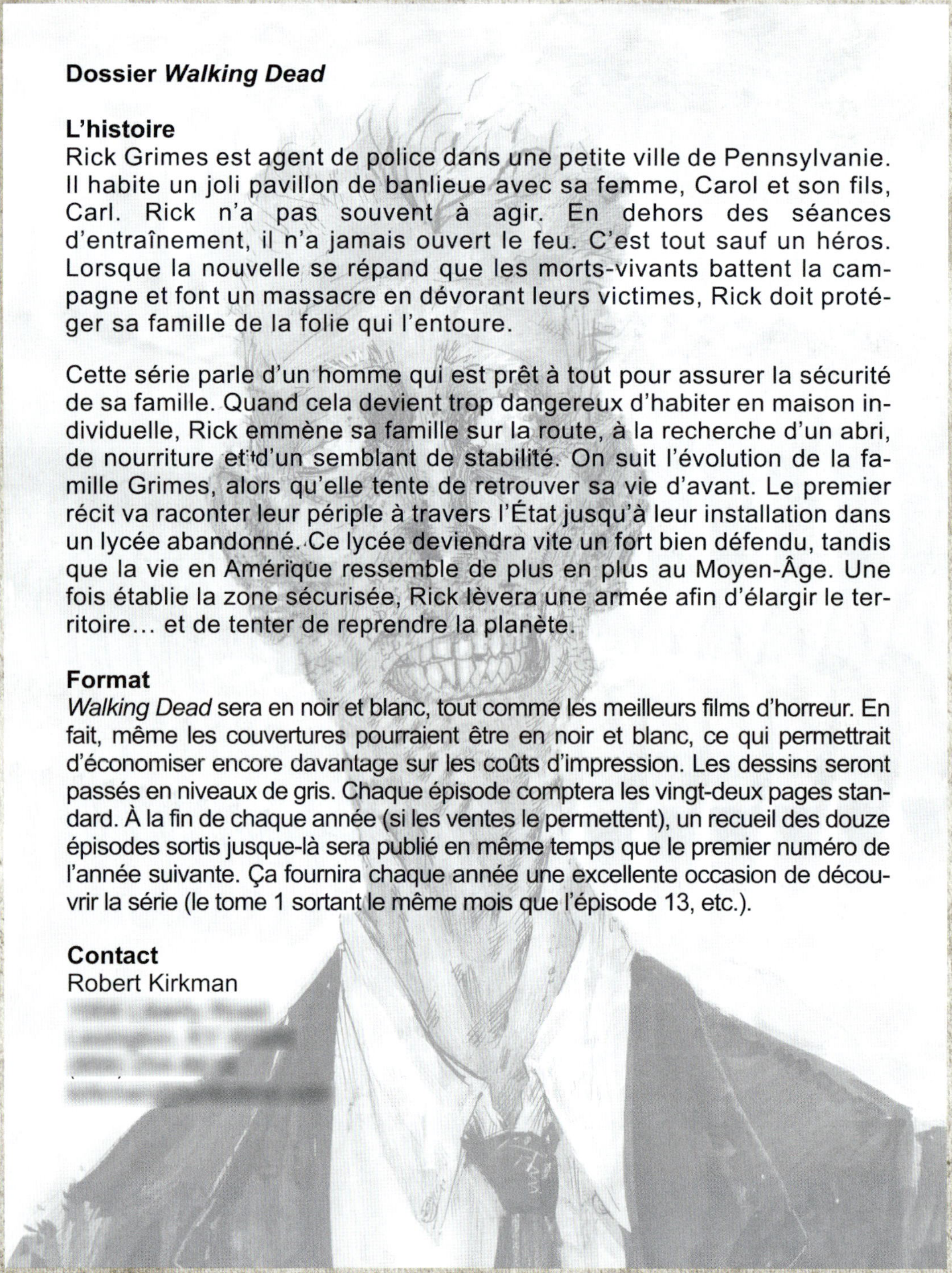

Dossier *Walking Dead*

L'histoire
Rick Grimes est agent de police dans une petite ville de Pennsylvanie. Il habite un joli pavillon de banlieue avec sa femme, Carol et son fils, Carl. Rick n'a pas souvent à agir. En dehors des séances d'entraînement, il n'a jamais ouvert le feu. C'est tout sauf un héros. Lorsque la nouvelle se répand que les morts-vivants battent la campagne et font un massacre en dévorant leurs victimes, Rick doit protéger sa famille de la folie qui l'entoure.

Cette série parle d'un homme qui est prêt à tout pour assurer la sécurité de sa famille. Quand cela devient trop dangereux d'habiter en maison individuelle, Rick emmène sa famille sur la route, à la recherche d'un abri, de nourriture et d'un semblant de stabilité. On suit l'évolution de la famille Grimes, alors qu'elle tente de retrouver sa vie d'avant. Le premier récit va raconter leur périple à travers l'État jusqu'à leur installation dans un lycée abandonné. Ce lycée deviendra vite un fort bien défendu, tandis que la vie en Amérique ressemble de plus en plus au Moyen-Âge. Une fois établie la zone sécurisée, Rick lèvera une armée afin d'élargir le territoire… et de tenter de reprendre la planète.

Format
Walking Dead sera en noir et blanc, tout comme les meilleurs films d'horreur. En fait, même les couvertures pourraient être en noir et blanc, ce qui permettrait d'économiser encore davantage sur les coûts d'impression. Les dessins seront passés en niveaux de gris. Chaque épisode comptera les vingt-deux pages standard. À la fin de chaque année (si les ventes le permettent), un recueil des douze épisodes sortis jusque-là sera publié en même temps que le premier numéro de l'année suivante. Ça fournira chaque année une excellente occasion de découvrir la série (le tome 1 sortant le même mois que l'épisode 13, etc.).

Contact
Robert Kirkman
[redacted]

CI-DESSUS : Le pitch de Kirkman pour la série de *comics Walking Dead*, décrit une histoire légèrement différente de celle qui sera effectivement publiée. Il commence en Pennsylvanie, la femme de Rick s'appelle Carol, mais le ton et le concept central sont bien là.

THE WALKING DEAD #1

1. FLASH-BACK : RICK SE FAIT TIRER DESSUS.
2. SE RÉVEILLE À L'HOSTO. VIRE SON IV. S'HABILLE.
3. FOUILLE L'HÔPITAL. TROUVE UN CADAVRE.
4.
5. "BON DIEU… QU'EST-CE QUI S'EST PASSÉ ICI ?"
6. 7. DOUBLE PAGE ? PIÈCE AVEC ZOMBIES ENFERMÉS.
8. S'ENFUIT. TRÉBUCHE. TOMBE DANS L'ESCALIER.
9. DU BAS DE L'ESCALIER AU PARKING. GRANDE CASE LARGE EN BAS.
10. ESSAYE VOITURES… COMMENCE À MARCHER.
11. VOIT GOSSE AU BORD DE LA ROUTE. PREND VÉLO.
12. GOSSE BOUGE. SAISI D'HORREUR. S'ÉLOIGNE À VÉLO.
13. RENTRE CHEZ LUI. PERSONNE. REGARDE PARTOUT. VA AU GARAGE.
14. VA DANS JARDIN. SE FAIT ASSOMMER.
15. UN NOIR ET SON FILS. "OH MERDE."
16. LE RENTRENT DANS MAISON.
17. RICK SE RÉVEILLE. GROS BLABLA.
18. ENCORE BLABLA. "ALORS, Z'ÉTIEZ FLIC ?" "QU'EST-CE QUI VOUS FAIT DIRE ÇA ?"
19. RIRES. RICK MONTRE SES CLÉS. "VOUS VENEZ FAIRE LES COURSES ?"
20. ARRIVENT AU COMMISSARIAT. FOUILLENT BUREAUX.
21. ARMURERIE. RÉCUPÈRENT FLINGUES.
22. FONT LE PLEIN. SE DISENT AU REVOIR.
23. PART… ARRÊTE VOITURE. SORT.
24. CASE DU HAUT : ENCORE LE GAMIN ZOMBIE. TIRE. PLEURE… DÉMARRE.

"ALORS, VOUS ÉTIEZ FLIC ?"

"ILS DISAIENT QUE NOTRE GÉNÉRATION
AVAIT TOUT EU SUR UN PLATEAU
FALLAIT QUE CA PÈTE…"

CI-DESSUS : Le synopsis manuscrit de Robert Kirkman pour le premier épisode de *Walking Dead* contenait un sommaire page par page du *comic book*.

[.../...] concept moderne des zombies. Hasard du destin, le premier distributeur du film a oublié d'inclure la mention du copyright sur les copies du film, ce qui est nécessaire aux États-Unis pour le faire valoir. Du coup, *La Nuit des Morts Vivants* est tombé dans le domaine public. C'est le titre que Robert Kirkman souhaite donner à sa série de zombies.

Encore une fois, les décideurs d'Image Comics sont de bon conseil. Le nom est, certes, déjà connu, mais il limite les possibilités d'aller au-delà des *comics*. Quiconque sera intéressé par les droits de la série, pour le cinéma ou la télévision, sera obligé d'en modifier le titre pour éviter la confusion avec l'original. Comme l'histoire n'a aucun rapport avec le film en question, autant opter pour un nouveau titre. *Walking Dead* est né.

Même si l'histoire de Kirkman est unique, le scénariste s'est inspiré du film au-delà d'un bout de dialogue glissé dans son pitch révisé. Par exemple, la décision d'avoir des dessins en noir et blanc est un choix artistique autant que financier. « On s'est dit que nous allions rendre hommage au travail de George Romero sur *La Nuit des Morts Vivants* », explique Kirkman. « On économisait aussi sur l'impression. Si les ventes chutaient, je voulais pouvoir en raconter le plus possible avant qu'ils n'arrêtent la série. On pouvait tenir plus longtemps si l'impression était moins chère. » Aujourd'hui, les coûts de production d'un *comic book* en couleur ne sont pas beaucoup plus élevés que pour le noir et blanc, mais l'auteur pense que les dessins permettent à la série de se distinguer. Et il y a d'autres avantages.

« *Walking Dead*, c'est très sanglant », admet le scénariste. « Il se produit énormément d'événements terribles dans nos pages. En couleur, ça serait d'autant plus agressif. Il s'agit d'une étude sur les personnages. Le but n'est pas de choquer les gens ou de donner dans le gore.

Mais on ne peut pas vraiment éviter le gore dans ce genre d'histoire. Avec le noir et blanc, le gore passe au second plan. Les tons sont moins criards et agressifs qu'en couleur. »

CI-DESSUS : Comme le révèle le travail de Moore sur la page 13 du n°2, l'aspect gore inhérent au genre zombie est atténué par le noir et blanc, mais la violence est toujours là.

CI-CONTRE : *Walking Dead* n°2 est publié en novembre 2003 sous une couverture de Moore.

TM '03

Les *comics* Walking Dead
Premier arc de six épisodes | « Passé décomposé »

ÉPISODE N°1

PLAN LARGE : Rick et Morgan sont assis devant la cheminée du salon. Ça se passe après dîner. Le feu est allumé. Ils sont juste assis devant le feu, à bavarder. Le fils de Morgan joue par terre à côté d'eux… ou il dessine… peu importe.

SYNOPSIS : Le shérif adjoint Rick Grimes est abattu lors d'une fusillade avec un prisonnier évadé. Il sort du coma un peu plus tard dans un hôpital qui semble abandonné. Mais il n'est pas seul. Les portes bloquées de la cafétéria dissimulent une pièce remplie de morts-vivants.

Rick s'échappe de l'hôpital et rentre chez lui pour découvrir que sa famille a quitté les lieux. Des albums de photos manquants laissent supposer que sa femme, Lori, et son fils, Carl, ont fui en emportant leurs souvenirs les plus précieux. Ils sont peut-être encore en vie. Au moment où il ressort, il prend un coup de pelle sur la tête et perd connaissance. À son réveil, il découvre que Morgan Jones et son jeune fils, Duane, squattent la maison d'un voisin. Ils le renseignent sur l'état du monde.

Le trio fait un saut au commissariat pour ramasser des armes, du matériel et une voiture de police qui emmènera Rick où il veut aller. Il fait ses adieux aux Jones et part à la recherche de sa famille à Atlanta, où il pense que Lori est allée retrouver ses parents. Mais d'abord, Rick fait un détour pour abréger la misérable existence d'une femme-tronc morte-vivante qu'il a croisée auparavant.

Walking Dead démarre en octobre 2003 avec un premier tirage d'environ sept mille exemplaires. Image découvre vite que son inquiétude quant à l'intérêt du public pour la série n'est pas justifiée. « Le premier tirage a été immédiatement épuisé et nous avons réimprimé tout de suite », se souvient Eric Stephenson. « Le stock du deuxième numéro se vendit intégralement lui aussi. Et, à partir du troisième épisode, les commandes ont commencé à grimper. Depuis, elle suivent une courbe ascendante. »

Au même moment, le film *28 Jours Plus Tard* est un succès critique et commercial. *Le Guide de Survie en Territoire Zombie* fait également beaucoup parler de lui. Le genre zombie va surfer sur une vague de popularité sans précédent. Les œuvres de Kirkman et Moore vont ouvrir la marche. Bien que *Walking Dead* soit un des titres majeurs du genre zombie, les critiques ont bien noté que ce ne sont pas pour les zombies que les lecteurs reviennent. « En vérité, j'écris un *soap opera* sur la survie », reconnaît Kirkman. « Régulièrement, quand l'histoire tourne en rond, je me dis "bon, ben je vais lancer une petite attaque de zombies". J'essaie de ne pas en abuser parce que mon sujet principal reste les personnages. » Les pauvres vont en voir de toutes les couleurs dans les années à venir.

L'histoire commence par une brève rencontre sur une route du Kentucky. Le shérif adjoint Rick Grimes est abattu lors d'une altercation avec un prisonnier évadé. Il n'a jamais connu autant d'action… jusqu'à sa sortie du coma. Il se retrouve dans un hôpital abandonné, dans un monde qui ne ressemble plus à celui qui était le sien avant qu'il perde connaissance. Sa famille est partie. Sa ville est vidée de ses habitants. Et les morts déambulent dans les rues.

CI-DESSUS : La première case de *Walking Dead* n°1 montre un jour pas ordinaire dans le monde pré-apocalyptique où vivent les personnages de Kirkman.

Tout au long du premier arc de six épisodes, Rick découvre la terrible réalité du monde dans lequel il s'est réveillé. Il retrouve sa famille ainsi que Shane, son collègue et ami à l'extérieur d'Atlanta, ignorant le lien qui s'est tissé entre sa femme et Shane. Il rencontre de nouvelles personnes dont certaines vont mourir sous ses yeux. Ces gens vont commencer à le considérer comme leur chef.

Alors que l'hiver s'installe, l'histoire nous éloigne d'Atlanta vers un lotissement clôturé envahi par les zombies, puis une ferme bucolique qui cache un sombre secret dans sa grange, et une prison en guise de sanctuaire improbable. Rick se fait de nouveaux amis comme le solide Tyreese ou la mystérieuse et fatale Michonne. Il se fait un ennemi mortel en la personne du Gouverneur et il endure des souffrances causées par des humains, bien pires que tout ce que les morts-vivants ont pu lui infliger.

Les morts-vivants demeurent une menace permanente dans ce monde nouveau, mais le scénario s'attarde surtout sur le drame humain. Comme Rick le proclamera dans l'épisode 24, « C'est *nous*, les morts-vivants ». Ce sont les humains qui errent dans ce monde dévasté et luttent pour survivre, qui forment l'épine dorsale de la série. « Je dois faire en sorte que les gens se projettent dans les personnages. C'est vraiment ça que je veux raconter », déclare l'auteur. « Je veux savoir comment les gens vivent dans ce monde-là. Comment ils fonctionnent ensemble. L'impact que cela a sur eux. Comment ils se traitent les uns les autres, et comment ils se regroupent pour survivre. Les zombies sont en toile de fond et servent à pimenter un peu les histoires. »

Lorsqu'il accepte Kirkman comme client de Circle of Confusion, société de production et de représentation basée à New York et L.A., David Alpert apprécie sa narration d'une simplicité trompeuse. « Le truc, avec *Walking Dead*, c'est qu'il s'agit d'une série de zombies sans gadget », dit-il. « Ce qui fait que l'histoire est super, ce sont les personnages et leurs relations les uns aux autres. Il y a beaucoup de projets zombies du genre "hé, on a des zombies qui courent. Ou des zombies qui parlent. Ou des zombies qui volent. C'est *ça*, notre nouveauté zombie." Le truc, c'est que s'il y avait vraiment une invasion zombie, ça se passerait *sans doute* comme ça. Mais, finalement, ce qui compte, c'est la façon dont les personnages réagissent dans cette horrible situation. »

Dans leurs conversations, Alpert et Kirkman considèrent les zombies comme une intervention divine ou une catastrophe naturelle. « Parfois, ça fait ressortir le pire chez les gens, comme ce qui s'est passé avec Katrina », déclare Alpert. « Ou parfois, ça fait ressortir le meilleur. Lorsque les gens se rassemblent et s'entraident. On voit comment les gens se comportent face au danger ou dans des situations de vie ou de mort, et pas seulement comment ils gèrent les zombies. »

Le sujet de *Walking Dead* est sombre comme peut l'être l'exploration d'un monde post-apocalyptique. Kirkman ne retient pas ses coups dans son approche des personnages et de leur univers. Le lectorat s'est habitué à ces heures sombres, comme lors de certaines morts inattendues ou des scènes de torture impliquant Michonne et le Gouverneur.

Tout le monde ne peut pas encaisser une telle noirceur. Éditeur, Eric Stephenson se souvient d'une rencontre particulièrement éprouvante avec un fan : « Il y a des années, un type m'a pris à part dans un festival de *comics* et m'a dit qu'au début, il adorait la série, mais que plus il la lisait, plus l'histoire lui semblait dénuée de tout espoir. Il m'a dit qu'il avait dû abandonner parce que ça l'empêchait de dormir. »

Les fidèles lecteurs ne seront pas tous d'accord avec cette façon de voir. Pour certains, ce qui les pousse à continuer, c'est l'espoir de voir Rick survivre et trouver un abri sûr. Après des dizaines d'épisodes et d'innombrables horreurs, Rick Grimes ne vivra probablement jamais « heureux avec beaucoup d'enfants », mais le public s'est profondément impliqué et veut savoir ce qui va se passer, alors que la série va bientôt atteindre les cent numéros.

Les comics *Walking Dead*
Premier arc de six épisodes | « Passé décomposé »

ÉPISODE N°2

PLAN LARGE : Gros plan sur Rick qui essuie ses larmes en levant les yeux vers Glenn.

SYNOPSIS : Le véhicule de police de Rick tombe à court d'essence. Sur la route d'Atlanta, toutes les stations qu'il a croisées n'avaient plus de carburant. Il se rend dans une ferme locale pour chercher de l'aide, mais il découvre que la famille qui habitait là s'est suicidée. Rick réquisitionne leur cheval pour terminer son voyage solitaire vers Atlanta.

La ville est loin d'être la zone sécurisée annoncée par les média. Atlanta est envahie par les zombies qui ont tôt fait de submerger Rick et son cheval. L'animal est perdu, mais Rick échappe aux créatures grâce à son arme. Cependant, les coups de feu attirent encore davantage de Rôdeurs. Un étranger nommé Glenn vient au secours de Rick, et l'aide à sortir de la ville en passant par les toits.

Glenn explique à Rick que le plan du gouvernement consistant à rassembler tout le monde dans les villes a été un échec. Ça n'a servi qu'à nourrir les morts-vivants et à transformer quiconque se trouvait dans les limites de la ville en une de ces monstruosités. Rick s'effondre lorsqu'il pense à ce qui a dû arriver à sa famille. Glenn lui accorde un instant pour se remettre, avant de repartir vers le campement où il a élu domicile avec d'autres voyageurs qui n'ont pas réussi à atteindre la ville. Rick est fou de joie lorsqu'il découvre Lori et Carl parmi les survivants.

Les *comics Walking Dead*
Premier arc de six épisodes | « Passé décomposé »

ÉPISODE N°3

PLAN LARGE : Rick, Lori et Carl s'embrassent comme sur la dernière page du deuxième épisode. On doit encore voir Shane dans cette case. Il se tient à côté d'eux, une main posée sur l'épaule de Rick.

SYNOPSIS : La femme et le fils de Rick ne sont pas les seuls de sa ville d'origine à avoir survécu. Son partenaire, Shane Walsh, vit aussi dans le campement. Shane a convaincu Lori qu'elle pouvait quitter son domicile, car Rick serait en sécurité à l'hôpital s'il sortait du coma. À présent qu'il a retrouvé sa famille, à la fois soulagé et inquiet, Rick est frappé de plein fouet par toute l'horreur de la situation.

Shane présente Rick aux gens qui se sont rassemblés dans le campement pour survivre. Plus tard, l'un d'entre eux prévient Rick que les intentions de Shane quant à Lori n'ont pas l'air si pures que ça. Mais Rick refuse d'envisager que son ami puisse le trahir de quelque façon que ce soit.

Alors que Rick et Shane partent chasser, ils croisent un « Rôdeur » qui déchiquète une carcasse de cerf. Cependant, une autre créature attaque le camp. Dale décapite le zombie, mais sa tête coupée refuse de mourir. Il faut un coup de feu pour l'achever. Cela alerte Rick et Shane. Ils se pressent de rentrer pour découvrir que la situation est sous contrôle, même si tout le monde est sur les nerfs. Lori trouve le réconfort dans les bras de son mari, sous les yeux de Shane.

Très tôt dans la série, on sait que Robert Kirkman tient peut-être son premier succès d'écriture. Mais pour confirmer ce succès, des changements sont nécessaires. Son ami Tony Moore n'est pas capable d'assurer un rythme mensuel. Après la publication des six premiers numéros sur une périodicité irrégulière, il faut clairement redresser la situation.

« Lorsqu'un *comic book* démarre juste, s'il ne sort pas régulièrement, les gens perdent vite tout intérêt », explique le scénariste. « Avec tous les échecs que j'avais essuyés avant *Walking Dead*, je n'avais certainement pas envie de voir dérailler mon premier succès. J'ai eu une conversation assez rude avec Tony, et je lui ai expliqué que j'allais devoir le sortir de la série pour lui trouver un remplaçant. »

Moore continue à réaliser les couvertures de la série pendant encore un an et demi, et fournit du matériel supplémentaire pour les premières éditions en recueil. Pour les planches intérieures qui suivront le sixième épisode, Kirkman contacte Charlie Adlard, un dessinateur avec lequel il a déjà travaillé à l'époque où Funk-O-Tron publiait *Codeflesh*, écrit par Joe Casey et illustré par Adlard.

Lorsqu'il faut trouver un nouveau dessinateur pour *Walking Dead*, Kirkman sait que le style de Charlie, et sa capacité à tenir les délais, sont exactement ce dont la série a besoin. « Il m'a juste envoyé un e-mail, comme ça, par surprise », se souvient Adlard. « L'intitulé du message était "Est-ce que tu veux gagner de l'argent ?" Il tirait des plans sur la comète, mais je ne crois pas qu'il se doutait que nous aurions un tel succès. »

CI-DESSUS : Charlie Adlard apporte son style distinctif, souligné par un usage plus lourd de l'encre noire, qui entre en jeu dès la toute première case du septième numéro.

Adlard ne connaît pas bien *Walking Dead*, alors il se dépêche de lire les premiers épisodes pour se faire une idée sur le projet. « Ça a commencé doucement », admet-il. « Je ne me suis pas exclamé "Ouah, c'est le meilleur truc que j'ai lu de toute ma vie", mais c'était loin d'être le pire. Je trouvais ça plutôt pas mal, alors j'ai continué et au bout de trois ou quatre épisodes, je me suis rendu compte à quel point ce *comic book* était bon. Après le sixième, j'étais accro. »

« Embaucher Charlie, ça a vraiment mis le feu au bouquin, si je puis dire », renchérit Kirkman. « Avec lui à bord, on produisait les épisodes sur un rythme régulier. » Entre Moore et Adlard, il n'y a pas que la vitesse d'exécution qui change. Les deux artistes approchent leurs planches de manières bien différentes. « Tony s'inspire beaucoup des illustrateurs de *Mad Magazine* comme Jack Davis », explique le scénariste. « Je voulais que *Walking Dead* soit plus réaliste et sans concession. Je crois que le style graphique de Charlie convient parfaitement aux histoires que j'avais envie de raconter. Entre sa rapidité et le changement de style, l'arrivée de Charlie a été l'un des moments-clés qui ont fait de la série un grand succès. »

Si le changement de dessinateur a un effet bénéfique, tout le monde ne partage pas cet avis au début. Quelle que soit la série, les lecteurs résistent toujours au changement. Et bien que le lectorat de *Walking Dead* soit loin de battre des records à l'époque, les fans sont très investis dans la série. « Je crois que pour les fans, ça a posé un problème », reconnaît Adlard. « Quand on reprend un titre solidement établi comme *Batman* ou *Spider-Man*, on sait que le personnage existe depuis cinquante ans ou plus. Les lecteurs sont habitués au changement, car personne ne peut rester aussi longtemps sur une série. On vient et on prend le relais, ce n'est pas une surprise, les gens ont déjà vu ça. Mais sur *Walking Dead*, les fans avaient eu six épisodes dans un style précis. Débarquer et changer radicalement le style, ça n'était pas rien. Il a fallu longtemps aux gens pour se faire à ma façon de dessiner. »

La BD n'était pas soudainement passée en couleur, mais le changement graphique était flagrant pour un œil averti. « Tony et moi, nous sommes diamétralement opposés à plus d'un titre », dit Adlard. « Tony joue beaucoup avec le trait et les détails à l'intérieur de ces traits… Moi, je joue davantage sur l'ambiance et sur l'atmosphère. Et j'utilise beaucoup plus de noir. »

L'industrie des *comics* étant pleine d'illustrateurs capables de singer le style de Moore, Charlie savait que cette question de la différence de style ne l'avait pas empêché d'être embauché. « En ce qui me concerne, ça ne me dérangeait pas d'arriver pour reprendre le crayon après quelqu'un d'autre », dit-il. « Je pars toujours du principe que si quelqu'un m'appelle pour dessiner quelque chose – parce que j'ai un style bien particulier – je n'ai pas besoin de dessiner comme quelqu'un d'autre. Sinon, pourquoi me contacter ? »

Même si on ne peut pas douter de l'identité des personnages entre les six premiers numéros et les suivants, le changement de style se remarque. « J'ai pris les personnages de quelqu'un d'autre et je les ai adaptés à ma main », raconte l'illustrateur. « Ce n'était pas un problème pour moi. J'avais déjà fait ça plus d'une fois. [.../...]

CI-DESSUS : La manière de dessiner Rick Grimes contraste entre Charlie Adlard (à gauche) et Tony Moore (à droite).

CHARLIE ADLARD, ILLUSTRATEUR

« Les *comics* sont ce que je pouvais espérer faire de plus créatif et de plus gratifiant. » Charlie Adlard

CI-DESSUS : La couverture du n°27 par Charlie Adlard (avril 2006) fait partie d'une série de couvertures du cinquième arc, sur lesquelles les personnages revêtent des tenues anti-émeute trouvées dans la prison où les survivants ont élu domicile de l'épisode 13 au 48.

CI-DESSUS : La couverture du n°79 (novembre 2010) est la première d'une série tirée du quatorzième arc qui met en avant les zombies. Elle suit la série de couvertures du treizième arc sur lesquelles aucun zombie n'était visible.

CI-DESSUS : Le succès de *Walking Dead* a permis à Adlard de créer des œuvres uniques pour promouvoir la série, comme cette illustration d'un personnage adulé des fans, dessinée pour un festival BD.

CI-DESSUS : Double page tirée du n°78, révélant que la menace des Rôdeurs est loin d'avoir diminué depuis le premier épisode.

[.../...] La série continuant, j'ai bien sûr introduit mes propres personnages et établi mon identité jusqu'à m'approprier complètement la série, et faire oublier que j'étais le deuxième dessinateur. »

À l'occasion de la transition entre les artistes, Cliff Rathburn est embauché pour réaliser les niveaux de gris (la « colorisation ») de *Walking Dead*. Plus tard, c'est Rus Wooton qui décharge Kirkman du lettrage. Tandis que la nouvelle équipe d'auteurs atteint sa vitesse de croisière, la formule mêlant action et drame est approfondie, l'accent étant mis sur le drame. Du point de vue artistique, Charlie Adlard préfère les éléments dramatiques de l'histoire. « Le plus difficile, c'est de représenter de façon intéressante des scènes lourdes en dialogues », note-t-il. « Ça, c'est un vrai défi. Et plus c'est difficile, plus ça me plaît. J'adore ces séquences de cinq ou six pages bourrées de gens qui discutent. C'est un challenge de réussir à donner de l'intérêt à ces planches. »

CI-DESSUS: Page 21 tirée du numéro 10. Adlard apprécie le challenge de mettre en scène les personnages au cours de simples discussions.

Adlard puise son inspiration dans les dialogues de Kirkman lorsqu'il représente les expressions des personnages en pleine discussion. Après avoir collaboré avec lui sur des dizaines d'épisodes, le scénariste a appris à faire confiance à son dessinateur, lui fournissant parfois des indications aussi simples que « Gros plan sur Rick » ou « Gros plan sur Michonne ». « C'est vraiment ce que je préfère », dit Adlard. « Je m'éclate davantage sur les émotions humaines que sur le découpage de zombies en morceaux. D'un point de vue créatif, n'importe qui peut faire ça. N'importe qui peut faire du gore. Ce qui m'enthousiasme, c'est de faire en sorte que *Walking Dead* fonctionne vraiment en tant que bande dessinée. »

Le dessinateur n'est pas le seul à apprécier cet élément de la série. Les fans assidus de *Walking Dead* sont devenus plus nombreux avec les années. « Le tirage initial du premier numéro était d'environ 7 000 exemplaires », remarque Stephenson. « C'était en 2003. Aujourd'hui, nous vendons six fois plus de bouquins par épisode. Il y a peu de *comics* qui bénéficient de la croissance soutenue de leurs ventes, surtout pendant huit ans. »

Le succès de la série ne se limite pas aux fascicules mensuels. Chaque arc est publié en recueil souple de six épisodes, puis, en volumes cartonnés de douze épisodes, en « omnibus » de [.../...]

ÉPISODE N°4

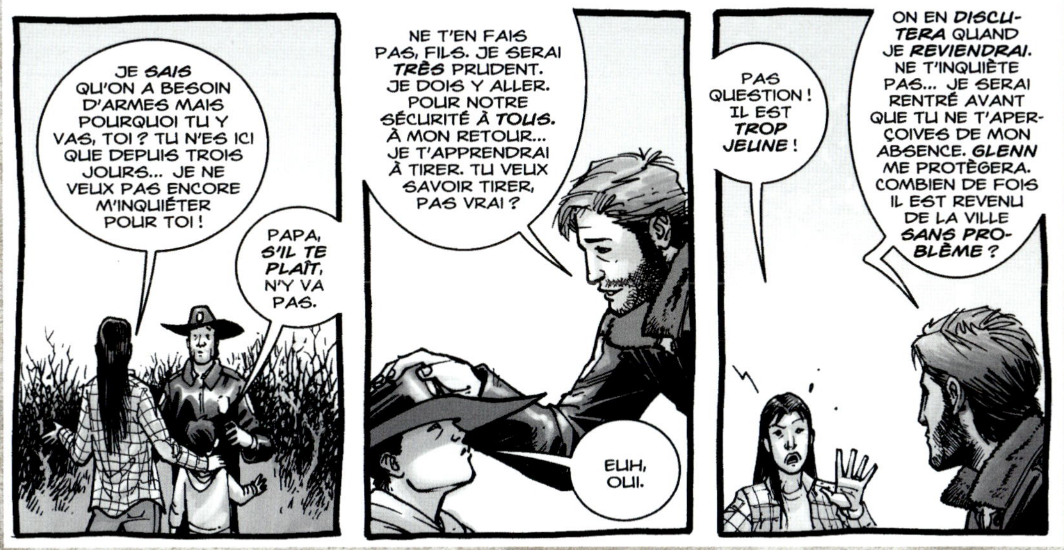

PETITE CASE : Plan sur la scène qu'on a aperçue par la fenêtre de Glenn. Assure-toi qu'on puisse bien voir Carl.

PETITE CASE : Rick se baisse pour s'adresser à Carl. Ce faisant, il pose son chapeau sur la tête de Carl.

PETITE CASE : Lori regarde vers Rick. Elle a l'air encore plus en colère.

SYNOPSIS : À la lumière de la dernière attaque, Rick estime qu'il est temps de déménager. Leur campement est trop près de la ville infestée de zombies et l'hiver arrive, mais Shane refuse de partir. Il pense que les secours gouvernementaux vont arriver d'un jour à l'autre, et il ne veut pas risquer de les manquer. Rick accepte de rester, mais il insiste sur un point : ils ont besoin d'armes.
Au grand désespoir de Lori, Rick accompagne Glenn au cœur d'Atlanta, plus loin que ce dernier n'est jamais allé. Pour masquer leur odeur, les deux hommes recouvrent leur corps des viscères du zombie que Rick et Shane ont tué la veille. Leur plan peu ragoûtant fonctionne, ce qui leur permet de se faufiler dans une armurerie pour récupérer un petit arsenal. La pluie commence à tomber alors qu'ils sont sur le chemin du retour. Ils sont forcés de courir pour sortir de la ville en transportant autant d'armes que possible.
Au campement, Shane essaie de réconforter Lori qui attend son mari. En fait, il s'inquiète surtout pour lui-même et sa relation avec Lori, suite à une nuit passée sur la route d'Atlanta… Une nuit qui était une erreur, insiste Lori.

ÉPISODE N°5

PLAN LARGE : Plan sur le campement… Tout le monde est déprimé, les yeux baissés… Montres-en autant que tu peux. Carl fait une grimace à Sophia qui lui en retourne une (ce sont des enfants). Il faut qu'ils donnent l'impression de réfléchir à toutes les horreurs dont ils viennent de parler.

SYNOPSIS : Après deux semaines d'entraînement, tout le monde au camp s'exerce au maniement des armes. Lori n'apprécie pas que Rick apprenne à tirer à Carl qui, du haut de ses sept ans, est étonnamment doué. Rick permet à son fils de porter un pistolet à condition qu'il soit responsable.

Donna n'apprécie pas que Dale partage son camping-car avec Andrea et Amy, deux femmes bien plus jeunes que lui. Le vieil homme tient à préciser qu'il ne se passe rien d'inapproprié entre eux. Rick change le sujet de la conversation pour aborder la question de la chute des températures. Shane considère que Rick aborde, ainsi d'une manière détournée, sa volonté de déménager. Dale s'inquiète à propos de la façon dont Shane devient de plus en plus nerveux.

Assis autour du feu, les nouveaux amis se racontent comment ils en sont chacun venus à rejoindre la bande. Soudain, les zombies envahissent le campement et l'ambiance vire au cauchemar. Amy se fait tuer, mais sa sœur doit lui tirer dans le crâne pour éviter qu'elle ne revienne. L'habileté de Carl au pistolet sauve sa mère à l'instant où elle fait tomber son arme. Jim se fait mordre. Il ne meurt pas tout de suite, mais il est condamné.

Les *comics Walking Dead*
Premier arc de six épisodes | « Passé décomposé »

ÉPISODE N°6

PETITE CASE : Gros plan sur Shane qui pointe toujours son arme sur Rick.

PETITE CASE : Rick est en larmes. Oui… encore… Il lève les mains… Il essaie de raisonner Shane.

SYNOPSIS : C'est le lendemain de l'invasion du camp par les zombies. Amy a été enterrée. Jim soigne ses blessures. La tension est à son comble lorsque Carl fait un commentaire innocent en soulignant qu'ils auront moins besoin de nourriture, à l'avenir. Shane s'en prend à Rick.

Dale tente de réconforter Andrea, tandis que Donna tente de rendre les dernières heures de Jim plus supportables. Jim demande à ce qu'on l'abandonne en bordure d'Atlanta afin qu'il puisse rejoindre dans la mort la famille qu'il a abandonnée en fuyant la ville.

Le lendemain matin, Rick souhaite aller chasser seul avec Shane pour faire le point sur la situation. Shane en a assez de parler et il explose de colère. Pour défendre son mari, Lori griffe le visage de Shane. Sous le choc, les gens du campement restent figés. Enragé, Shane s'en va dans les bois. Rick essaie de le rattraper, espérant le ramener à la raison.

Shane hurle après Rick et lui reproche d'être revenu alors que tout se passait aussi bien entre lui et Lori. Il pointe son arme sur Rick. Il est sur le point de tirer lorsqu'une balle lui transperce le cou. Il meurt sur le champ. Carl a agi ainsi pour protéger son père, mais l'enfant ne comprend pas pourquoi Shane ne se relève pas comme le font les zombies.

THE WALKING
DEAD
-TM '02

[.../...] vingt-quatre épisodes, puis en « compendium » de quarante-huit épisodes. Il y a également eu un ouvrage regroupant les couvertures de chaque *comic book**. Par ailleurs, Image a commencé à rééditer les épisodes un par un, sur un rythme hebdomadaire.

CI-DESSUS : La couverture du deuxième recueil de *Walking Dead*, contenant les épisodes 7 à 12, publié en novembre 2004 avec une couverture de Tony Moore. Lorsque toutes les couvertures des recueils sont alignées côte à côte, on découvre une rangée continue de zombies.

CI-CONTRE : *Walking Dead* n°6 est publié en mars 2004. C'est le dernier numéro pour lequel Tony réalise les planches intérieures. Il continuera à illustrer les couvertures de la série jusqu'au n°24.

DOUBLE PAGE PRÉCÉDENTE : Croquis original et dessin définitif de la couverture du premier recueil, *Days Gone Bye* (« Passé décomposé »).

Avec le temps, Robert Kirkman joue un rôle tellement important au sein d'Image Comics qu'on lui propose, en 2008, de rejoindre la société aux côtés des quatre fondateurs encore en place. Sous la bannière Image, Kirkman met alors en place son propre label, Skybound Entertainment. Il acquiert ainsi une plus grande liberté pour œuvrer dans le medium qui reste son premier amour.

Bien qu'il soit aujourd'hui producteur délégué et scénariste de la série TV basée sur son œuvre, il n'a pas l'intention d'abandonner la BD. « J'adore travailler dans les *comics* », déclare Kirkman. « Je compte travailler dans la BD pour le restant de mes jours. Malgré tous ces autres trucs que je fais, si on me demande ce que je fais comme métier, je dis que je suis scénariste de *comics*. Même si en disant que je suis scénariste télé, ça impressionne davantage ma mère, je m'en fiche. Je sais que toute ma vie, je serai le mec de *Walking Dead*. Ça sera très dur de faire mieux que *Walking Dead*. En même temps, c'est vrai que je veux lancer d'autres projets. À vrai dire, j'ai adoré travailler pour la télévision. J'ai d'autres idées de séries. Ça serait chouette de créer une autre série, différente de *Walking Dead*. Peut-être que j'aurai cette chance, un jour. Et peut-être aussi que je prendrai ma retraite, à un moment. On verra. »

---

* *Walking Dead Art Book* (Éditions Delcourt)

CHAPITRE DEUX

DE LA PAGE À L'ÉCRAN :

DÉVELOPPER *WALKING DEAD* POUR LA TÉLÉVISION

Tandis qu'augmentent les ventes des *comics* et recueils de *Walking Dead*, Hollywood commence à s'agiter. Robert Kirkman reçoit des offres pour adapter son travail à l'écran de la part de plusieurs réalisateurs, scénaristes et autres maison de production. « C'était toujours pour des trucs qui ne m'intéressaient pas », se souvient-il. « Ils voulaient en faire un film d'action. Ils voulaient des super-zombies. Il y avait quelque chose dans *Walking Dead* qui semblait leur échapper. » Le rapide succès du *comic book* permet au scénariste d'être un peu plus sélectif quant au partenaire qui transposera sa vision à l'écran.

La série commence à rapporter suffisamment d'argent à ses auteurs pour leur éviter d'accepter la première offre venue. Heureusement, Frank Darabont, le producteur-réalisateur-scénariste sélectionné aux Oscars, est sur le point de faire un tour dans sa boutique de *comics* locale.

« Je suis tombé dessus par hasard dans la librairie *House of Secrets* à Burbank », se remémore Darabont à propos de sa découverte des *comics Walking Dead*. « Je regardais juste. Je n'avais entendu parler ni de Kirkman ni de sa série. Je suis entré et j'ai vu le premier recueil qui trônait sur le présentoir. Ça m'a immédiatement attiré parce que c'était des zombies. Tout ce que j'aime. »

Le producteur, fan du genre zombie depuis des années, dévore les six épisodes le soir même. Le lendemain matin, il téléphone à son agent pour lui demander de se renseigner à propos des droits. C'est exactement le concept qu'il recherche pour développer une exploration des zombies à long terme. Après quelques coups de fils et échanges de coordonnées, Kirkman se retrouve au téléphone avec quelqu'un qui lui dit précisément ce qu'il a envie d'entendre.

CI-DESSUS : Publié en janvier 2006, le n°25 (à gauche) est le premier à présenter une couverture dessinée par Charlie Adlard. Plus de quarante-huit épisodes après, la série TV débute aux alentours de la sortie du n°78 en octobre 2010 (à droite).

PAGE PRÉCÉDENTE : La production TV s'inspire des *comics* dès que c'est possible, recréant parfois à l'écran ou pour le marketing de la série des images tirées de la BD.

« Frank est arrivé par surprise », raconte Kirkman. « Il m'a appelé, genre "Ah, au fait, je suis le mec qui a écrit et réalisé *Les Évadés*. D'habitude, je tourne des films au ciné mais là, j'ai envie de faire une série TV de zombies. Et je veux m'intéresser d'abord aux personnages. Les zombies seront à l'arrière-plan." Il savait exactement ce qu'il devait me dire, et son CV parlait pour lui. J'ai su tout de suite qu'il était l'homme de la situation. »

D'après Kirkman, Darabont l'appelle un peu plus de deux ans après le début de la série, aux alentours de la sortie du n°25, début 2006. Dans les *comics*, Rick Grimes et les survivants de son groupe s'installent dans un nouveau logis qui les maintiendra plus ou moins à l'abri pendant encore deux douzaines d'épisodes. Mais Kirkman a-t-il trouvé le bon logis pour sa BD ? Même avec un producteur du calibre de Darabont, rien ne garantit que la série obtiendra le feu vert. Il faudra attendre le numéro 78, presque cinq ans plus tard, pour que la série débute sur AMC.

Les cadres d'Hollywood passent les listes des best-sellers au peigne fin pour dénicher des livres et des BD à adapter, mais ce n'est pas ce qui a poussé Darabont à acheter *Walking Dead* dans sa boutique de *comics*. Comme il l'explique, « finalement, ce qui m'a le plus séduit, dans ce projet, c'est son approche résolument axée sur les personnages. Je me suis dit que ce serait une façon adulte de rentrer dans le bac à sable des zombies. Raconter ce genre d'histoire de façon sérialisée, sur le long terme, ça n'avait jamais été fait. »

Darabont a toujours été un amateur d'histoires de survivants. Il cite *Sa Majesté des Mouches* et les œuvres de Stephen King parmi ses sources d'inspiration principales. Il est clair que le producteur apprécie l'écriture de King, car il a porté trois de ses récits à l'écran : *Brume*, *La Ligne Verte* et *Rita Hayworth ou la Rédemption de Shawshank*.

Bon nombre des projets qui ont influencé Darabont sont le produit des décennies durant lesquelles il a vécu. « Quand j'ai grandi, durant la Guerre Froide, on rencontrait beaucoup de scénarii apocalyptiques », se souvient-il. « Sans doute parce que la menace de l'holocauste nucléaire était très présente, la science-fiction visitait souvent ce thème. Certains de mes films favoris sont issus de cette tradition : le premier *Planète des Singes* ou *Terre Brûlée*, par exemple. C'est fascinant de jeter un groupe de personnages dans cette cocotte-minute pour voir ce qui va se passer. »

Darabont commence à présenter le concept aux réseaux télévisés. NBC lui demande de proposer le script d'un pilote. Pendant que le producteur travaille sur l'adaptation, Kirkman fait de son mieux pour ne pas trop s'enthousiasmer à l'idée de voir son œuvre portée sur le petit écran. « On m'a dit qu'ils étaient quasiment obligés de tourner le pilote en raison de la position de Frank dans l'industrie », se rappelle Kirkman. « Pour eux, ce serait de la folie de refuser un pilote écrit et réalisé par Frank Darabont. Mais finalement, ils ont fait marche arrière une fois que Frank a eu terminé son scénario. À peu de choses près, voilà ce qu'ils ont dit : "C'est vraiment super. Est-ce qu'il faut vraiment qu'il y ait des zombies dans l'histoire ?". Et là, tout s'est effondré. »

Pour autant, ce n'est pas parce que NBC n'est plus intéressé que le projet est mort. Darabont a désormais le script d'un pilote à faire tourner, et il le fait lire partout. Hélas, l'accueil qui lui est réservé ressemble beaucoup à celui de NBC. « Je pourrais lister les chaînes qui ont refusé la série, mais ce ne sera pas la peine », explique Kirkman. « Car elles ont toutes dit non ! Le projet s'est retrouvé au fond d'un tiroir pendant quelque temps. »

Mais, tout comme les zombies qui ont inspiré la série, le pilote va se relever cinq ans plus tard. Il faudra juste un peu de temps, une nouvelle partenaire, et une orientation massive de la pop-culture vers le sujet de la série. « Au cours de ces cinq ans, des grands-mères se sont mises à aller dans les librairies acheter des livres d'humour zombie pour leurs petits-enfants », raconte Darabont. « Il y a des poupées zombies. Ça a été un raz-de-marée culturel. » Selon le producteur, tout l'intérêt des zombies remonte à ce qui en a fait un sujet si fascinant pour Kirkman : *La Nuit des Morts Vivants* de George Romero.

Malgré le retour d'intérêt pour le thème, il manque encore un ingrédient essentiel pour ramener *Walking Dead* à la vie. Darabont est sur le point d'abandonner le projet lorsque son amie Gale Anne Hurd, productrice TV et cinéma, lui propose de s'associer sur le projet. « Je connais Gale depuis des années », dit Darabont. « Elle est formidable. C'est une bonne amie et une productrice fantastique. Je devrais travailler plus souvent avec elle. Le premier *network* à qui elle a montré le projet, c'est AMC. Et ils ont accepté immédiatement. Je dois l'en remercier. Vous devez tous dire merci à Gale Anne Hurd sans qui la série que vous appréciez n'existerait pas. »

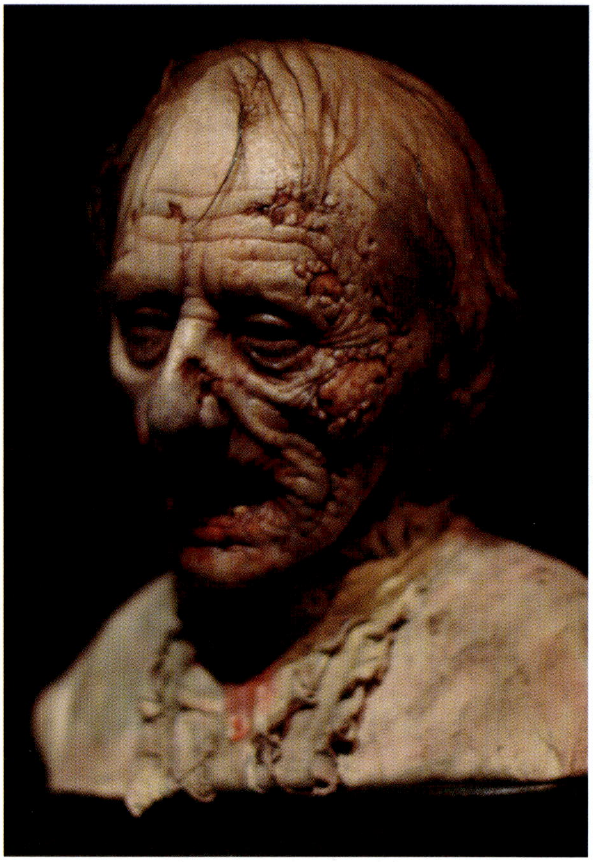

CI-DESSUS : Frank Darabont ne prend pas que le script du pilote pour aller pitcher *Walking Dead* aux *networks*. Pour mieux représenter sa vision en rendez-vous, il fait appel à son ami Greg Nicotero, maquilleur et créateur d'effets spéciaux. Avec son équipe de KNB EFX, Nicotero cherche avec Darabont le moyen d'obtenir des zombies qui ne ressembleront pas à ce qu'ils ont déjà vu ailleurs. Pour s'assurer que la présentation sera impressionnante, Nicotero construit deux bustes de zombies et d'autres gadgets que Darabont montre pour illustrer ses présentations.

CI-CONTRE : La première page du dossier révisé de Kirkman et Moore pour *Walking Dead*, en référence directe aux émissions télévisées de *La Nuit des Morts Vivants*, souvent imitées.

Comme Kirkman et Darabont, Hurd est une fan du genre zombie qui a évolué à partir de l'œuvre de Romero. Elle a débuté sa carrière en travaillant sur les films d'horreur de Roger Corman et, elle aussi, a été séduite par le *comic book Walking Dead*. Si au premier abord, on

[.../...]

DANS L'ATTENTE DE NOUVEAUX FLASH SPÉCIAUX. NOUS ASSURERONS QUOI QU'IL ADVIENNE LA RETRANSMISSION AUSSI LONGTEMPS QUE POSSIBLE.
UN POINT SUR LA SITUATION QUI FRAPPE NOTRE NATION TOUTE ENTIÈRE, ALORS QUE NOUS POURSUIVONS CETTE ÉMISSION SPÉCIALE NON-STOP... IL SEMBLE QUE LES MORTS SE RELÈVENT... ET... ET SE NOURRISSENT... DE... DE LA CHAIR DES VIVANTS.
OUI, VOUS M'AVEZ BIEN ENTENDU. TOUS LES TÉMOINS OCULAIRES QUE NOUS AVONS PU JOINDRE PARTOUT DANS LE MONDE LE CONFIRMENT. NOUS SOMMES BIEN FORCÉS D'ADMETTRE LA TERRIBLE VÉRITÉ ET LA RÉALITÉ DE CETTE INFORMATION.
CE N'EST LÀ QUE MON INTERPRÉTATION TOUTE PERSONNELLE, MAIS IL EST POSSIBLE QUE NOUS SOYONS EN TRAIN D'ASSISTER... À LA FIN DU MONDE TEL QUE NOUS LE CONNAISSONS.
Kirkman&Moore

LA NUIT DES MORTS VIVANTS DE GEORGE ROMERO

« J'aime mes zombies cuisinés façon Romero. » Frank Darabont

CI-DESSUS : L'affiche cinéma anglaise de *La Nuit des Morts Vivants* met l'accent sur le sexe plutôt que la violence, alors qu'en vérité, le film est surtout connu pour son côté gore.

Lorsqu'on discute avec qui que ce soit d'impliqué dans les *comics* ou la série TV *Walking Dead*, la conversation finit toujours par déboucher sur le « Parrain des Zombies » : George Romero. En 1968, quand ils ont produit le film d'horreur culte *La Nuit des Morts Vivants*, le réalisateur et son co-scénariste John Russo ont redéfini les zombies pour un public moderne.

Avant la sortie du long-métrage, le peu de zombies qu'on trouvait alors était issu du folklore haïtien. Le zombie des origines est un cadavre sur lequel on jette un sort pour le ranimer. La créature n'a aucune volonté propre, et n'existe que pour suivre les ordres de son maître. Il n'est pas à la recherche de chair humaine et ne peut pas non plus créer d'autres zombies, contrairement à ceux qu'on connaît aujourd'hui grâce à Romero.

Le réalisateur lui-même tire son inspiration du livre *Je Suis Une Légende* de Richard Matheson (1954), qui se déroule dans un monde où l'apocalypse a été provoquée par un virus qui crée des créatures vampiriques. Le film de Romero, *La Nuit des Morts Vivants*, suit un groupe qui se retrouve piégé dans une ferme de la campagne pennsylvanienne, assailli par des goules. Sur toute la Côte Est, ceux qui viennent de mourir reviennent à la vie pour dévorer la chair des vivants. Personne ne connaît avec certitude la cause de l'épidémie, mais il a été déterminé qu'une balle dans la tête ou un coup violent porté au crâne peuvent arrêter les créatures.

De nombreux critiques s'en sont pris au film pour sa violence à outrance et son utilisation du gore. Mais certains l'ont salué – à juste titre – pour avoir innové dans le genre horrifique. Le film a marqué les esprits de plus d'un collaborateur impliqué dans *Walking Dead*. Les règles établies dans ce film sont la clé de voûte du monde de Kirkman, ainsi que de bien des films et livres de zombies.

CI-DESSUS : Les zombies qui sortent de leur tombe en traînant les pieds ont donné naissance à un nouveau genre de monstre de cinéma qui, après plusieurs décennies, inspirera la mode des zombies dans la pop-culture.

[.../...] peut penser que ça ne conviendra pas à AMC, le projet correspond précisément à ce qu'ils recherchent à ce moment-là.

Le producteur délégué David Alpert explique pourquoi la chaîne de *Mad Men* et *Breaking Bad* n'est pas un partenaire si inattendu que ça. « Quand on regarde AMC, on ne pense pas forcément à *Walking Dead*, mais ils ont énormément de fans qui regardent *Fearfest* à chaque Halloween. Leur marathon des films d'horreur est une des meilleures audiences de la chaîne. Du coup, c'était intéressant. Mais ce qui a fait qu'ils étaient la chaîne idéale, c'est qu'ils laissent respirer les personnages. Ils laissent aux histoires le temps qu'il leur faut. »

« Je crois qu'AMC sera reconnue comme une chaîne visionnaire lorsque les gens considèreront cette époque avec du recul », abonde Kirkman. « C'est la seule chaîne qui a dit "Ouais, d'accord. Des zombies. On peut faire ça." Aucune autre chaîne ne voulait l'envisager à cause du thème et du genre de choses qu'on peut voir dans une histoire de zombies. AMC, dès le départ, était prête à prendre ces risques. »

Plutôt que de simplement accepter de produire un pilote, puis de tester cet épisode unique, comme on le fait traditionnellement à la télévision, AMC commande directement six épisodes qui s'appuient sur la force du script pilote. Pour Darabont, c'est une agréable surprise. « Trop souvent, on n'a qu'une seule chance », dit-il. « On tourne un pilote, puis quelqu'un décide s'il va passer ou pas à la télé. Il y a beaucoup de pilotes qui sont tournés sans jamais être diffusés. Qui n'ont même pas cette chance. Ensuite, si votre pilote passe à la télé sans séduire le public, ça s'arrête. Là, on nous a permis de réaliser six épisodes qui ont eu le temps de trouver leur public. C'était une décision très sage. »

CI-CONTRE : La page 6 de l'épisode n°3 illustre comment les *comics* accordent des pauses à l'action et aux dialogues, pour une scène de réflexion plus sereine.

Joel Stillerman, vice-président senior des programmes originaux, de la production et du contenu digital, explique la décision de la chaîne de s'engager au-delà d'un simple pilote. « D'abord, on savait qu'on tenait quelque chose qui n'avait pas été fait auparavant. Ça fait beaucoup de pression, mais ça représente aussi une grande opportunité. On savait qu'on avait une super équipe, et on faisait entièrement confiance aux *comics* quant à la qualité du matériel à la source de l'adaptation. Si nous n'avions pas eu les *comics* en guise de feuille de route, la décision aurait été beaucoup plus difficile. »

« Nous avions également un intérêt sincère pour l'horreur, bien filmée, sous forme de série », ajoute Charlie Collier, président d'AMC. « Hormis la longue tradition populaire des films de zombies, nous n'avions jamais vu de séries de zombies à la télévision. Ce côté unique nous a toujours intéressés. »

AMC ne se contente pas d'acheter le pilote initial. La chaîne est alors connue pour ses séries au rythme lent, axé sur le développement des personnages. Si le script de Darabont remplit bon nombre des critères recherchés par le *network*, ils n'en demandent pas moins des corrections, afin qu'il soit moins centré sur les événements et s'attarde davantage sur les personnages.

ÉPISODE 1 : « PASSÉ DÉCOMPOSÉ »

Script de Frank Darabont
Mise en scène de Frank Darabont

RICK : Je me suis réveillé aujourd'hui. J'étais à l'hôpital. Je suis rentré chez moi. Je ne sais rien d'autre.

MORGAN : Mais vous devez être au courant pour les morts ?

RICK : Oui, j'en ai vu un paquet. Dans la cour de l'hôpital. Empilés dans des camions.

MORGAN : Non, pas ceux qui ont été abattus. Ceux qui restent. Les Rôdeurs.

SYNOPSIS : Le shérif adjoint Rick Grimes gare sa voiture de patrouille le long d'une route déserte bordée de tentes abandonnées et de déchets. Des cadavres infestés de mouches sont assis dans les voitures qui s'entassent autour d'une station service qui n'a plus une goutte à offrir au réservoir du véhicule de Rick.

Ce dernier est sur le point de quitter la station lorsqu'un bruit lui indique qu'il n'est pas tout seul. Sous les voitures, il voit les pieds traînants d'une petite fille qui porte des chaussons en forme de lapins. Rick propose son aide à l'enfant, mais lorsqu'elle se retourne, il découvre son visage à moitié dévoré. Il ne peut pas lui sauver la vie,

mais il peut lui offrir une mort définitive. Rick lui tire une balle dans la tête, se protégeant lui-même tout en abrégeant les souffrances de la malheureuse.

Flash-back d'une autre époque : Rick parle de ses problèmes de couple à Shane, son coéquipier. Il déplore une récente dispute avec sa femme, Lori, qu'ils ont eue devant leur fils. La conversation est interrompue par un appel à toutes les patrouilles en provenance de la police d'État. Rick et Shane démarrent en trombe pour intercepter les suspects. Lors de la fusillade, Rick est touché à la poitrine et s'évanouit.

À l'hôpital, Rick reprend lentement connaissance, mais personne ne répond à ses appels à l'aide. Hormis un cadavre démembré dans les couloirs, l'endroit est désert. Des impacts de balles marquent les murs. Sur le sol : des flaques de sang. Sur une porte à double battant cadenassée, une inscription a été peinte : N'OUVREZ PAS, MORTS À L'INTÉRIEUR.

Les portes s'entrouvrent doucement, poussant contre les chaînes. Des mains d'une pâleur cadavérique se faufilent à travers l'ouverture. Rick fuit l'hôpital et découvre des rangées entières de cadavres alignés, ainsi que les restes d'un camp militaire. Il trouve un vélo sur la route à côté duquel il aperçoit avec horreur le cadavre d'une femme revenir à la vie. Son corps est dans un état de décomposition avancé et elle n'a plus de jambes. Elle tente néanmoins d'atteindre Rick.

Rick se dépêche de rentrer à son domicile qu'il trouve abandonné. Alors qu'il revient dans la rue, il se prend un coup de pelle sur la tête. Rick se réveille dans la maison de ses voisins, attaché au lit par un squatter du nom de Morgan Jones qui habite là avec son fils, Duane. Ils expliquent à Rick ce qui s'est passé pendant qu'il était dans le coma, et comment les Rôdeurs hantent désormais les rues.

Duane est atterré lorsqu'il entrevoit le cadavre ambulant de sa mère par la fenêtre. Elle vient juste de mourir, mais Morgan n'a pas eu le cœur de la tuer de la seule manière qui existe, avant qu'elle ne se transforme : détruire son cerveau.

Rick espère que sa femme et son fils sont vivants car, en quittant la maison, ils ont emporté des vêtements et des photos de famille. Morgan lui parle du camp de réfugiés d'Atlanta et Rick décide d'y partir à la recherche de sa famille. Mais d'abord, il lui faut une voiture et des armes.

Au commissariat, Rick, Morgan et Duane se douchent et prennent armes et munitions. Mais Morgan n'est pas encore prêt à quitter la ville. Rick lui confie un talkie-walkie pour qu'ils puissent communiquer lorsque Morgan se rendra à Atlanta. Alors qu'ils sont sur le point de se dire au revoir, un Rôdeur s'approche de l'autre côté du grillage. C'est Leon, un ancien collègue de Rick. Ce dernier lui tire une balle dans la tête. Les nouveaux amis se séparent avant que d'autres Rôdeurs ne soient attirés par la déflagration.

Morgan revient à leur domicile provisoire et demande à Duane de rester au rez-de-chaussée. Il choisit une photo de sa femme, prise en des temps plus gais, et la colle à la fenêtre. Il vise les Rôdeurs qui marchent dans la rue. Il en abat deux et attend que le bruit en attire d'autres. Lorsqu'il voit sa femme, il a du mal à presser la détente. Les larmes aux yeux, il la met en joue, mais il ne peut se résoudre à tirer.

Rick n'a pas ce problème avec l'étrangère qu'il a vue la veille. En sortant de la ville, il s'arrête pour tirer une balle dans la tête de la femme-tronc, mettant fin à sa misérable existence. Ceci fait, il emprunte des routes désertes en lançant des appels à la radio à quiconque l'entendra.

Sa voix est entendue dans un campement en bordure d'Atlanta, mais ils ne peuvent pas répondre. L'agent Shane Walsh répond à la CB, sans savoir qu'il appelle son ami. Il est dans le camp en compagnie de Lori, l'épouse de Rick, et de Carl, le fils de ce dernier. Lori veut placer des panneaux sur l'autoroute pour dire aux gens d'éviter la ville, mais elle se dispute avec Shane qui n'est pas d'accord. Un baiser secret met fin à la discussion.

À présent, Rick a abandonné sa voiture de patrouille. Il a trouvé une ferme à l'intérieur de laquelle les gens sont morts. Le seul survivant est un cheval que Rick monte pour continuer son périple vers Atlanta.

La ville semble abandonnée, mais ce n'est pas le cas. Un hélicoptère vole au-dessus de lui, mais lorsqu'il part à sa poursuite, il débouche dans une rue infestée de Rôdeurs. Ils mettent le cheval à terre, mais Rick parvient à se réfugier à l'intérieur d'un tank abandonné. Piégé dans le véhicule avec son sac d'armes à l'extérieur, Rick se demande ce qu'il va faire lorsqu'une voix retentit dans la radio.

CI-DESSUS : Le producteur, réalisateur et scénariste Frank Darabont prépare un plan des rues surpeuplées du centre-ville d'Atlanta, depuis le viseur du tank.

« Quand on a amené le projet chez AMC » explique Hurd, « ils nous l'ont dit très clairement dès notre première réunion : nos séries laissent le temps de respirer aux personnages et à leur univers. Ce ne sont pas des séries au montage saccadé, où il faut à tout prix faire avancer l'intrigue. Nous souhaitons vraiment libérer du temps pour développer les personnages.»

Alors que la technologie permet d'enlever de manière imperceptible les pauses dans les dialogues des acteurs, Darabont écrit pour un rythme plus rapide. La consigne de ralentir l'action libère sa narration. « J'ai littéralement coupé en deux le premier script de mon pilote. En plein milieu, du point de vue structurel. » Il a ainsi tout le loisir de « mettre sa casquette à personnages », comme il l'appelle, pour approfondir les différents rôles comme il en a l'habitude dans ses films.

Au-delà des préférences d'AMC, l'autre intérêt de ralentir le rythme est de mieux respecter le matériel de départ. Kirkman a mis beaucoup d'éléments en place dans ses six premiers numéros de *Walking Dead*. Malgré l'accent placé sur les Rôdeurs dans ces épisodes, la série dans son ensemble est surtout axée sur les rapports humains. Il n'y a pas que la pagination qui différencie le scénario d'un *comic book* de vingt-deux pages et le script de cinquante pages d'un épisode TV. En avançant au rythme plus lent de la télévision, la série reflète mieux l'horreur vécue par les personnages.

« JE SUIS DÉSOLÉ DE CE QUI T'EST ARRIVÉ. »

CI-DESSUS, EN HAUT : Rick Grimes ne trouve pas qu'un moyen de transport au bord de la route.

CI-DESSUS, EN BAS : Frank Darabont travaille avec Andrew Lincoln et Melissa Cowan pour la mise en scène de l'instant où Rick met fin aux souffrances du zombie.

CI-CONTRE : La page 10 du premier épisode montre la réaction initiale de Rick devant cette femme à qui il manque la moitié du corps. La transposition de cette scène et de celle de son retour à la fin de l'épisode sont des moments-clés du pilote.

Un des moments forts du premier épisode des *comics Walking Dead* intervient sur la dernière page, lorsque Rick tire sur la femme-tronc zombie. Robert Kirkman explique l'importance de ce personnage mort-vivant et son impact sur l'histoire : « Dans les *comics*, ce moment fait office de déclaration. Ça en dit beaucoup sur Rick. Quand il rencontre ce zombie à côté du vélo en sortant de l'hôpital, il est d'abord horrifié par ce qu'il voit. Plus tard, il doit aller chercher sa femme, il est dans sa voiture de patrouille, mais il prend quand même le temps d'aller achever cette pauvre créature. Sans aucun dialogue, ça nous renseigne sur le caractère de Rick Grimes. Et j'espère que ça donne envie de s'attacher à lui et de suivre ses aventures. »

Dans le pilote, Frank Darabont prend ce qui existe dans les pages du *comic book* et s'en sert non seulement pour éclairer la personnalité de Rick Grimes, mais aussi pour faire un commentaire sur Morgan Jones. Morgan et son fils, Duane, apparaissent dans le premier numéro des *comics*, puis disparaissent pour un bout de temps. Ils font un bref retour dans une histoire courte du *Image Comics Holiday Special* en 2005, mais ce n'est qu'à leur retour, dans le n°58, que les lecteurs découvrent leur sort. Cela offre à Darabont une piste à explorer.

Kirkman considère cet instant avec des regrets sincères. « Je fais dire à Morgan que sa femme est morte. Je crois que le fait qu'elle soit devenue un zombie est même sous-entendu, mais on ne fouille pas trop dans cette direction. Frank se saisit de cette miette : « Quel idiot tu fais, Kirkman ! Pourquoi es-tu parti si vite ? Tu aurais dû creuser un peu plus et en faire un moment-clé de la série. »

CI-DESSUS : Morgan marque un temps d'arrêt avant de tenter d'abréger les souffrances de sa femme.

Dans le pilote, Morgan laisse son fils au rez-de-chaussée et monte à l'étage regarder les photos de famille que sa femme avait emportées. Il colle un portrait de son épouse à la fenêtre et ouvre le feu sur les zombies dans la rue. Le bruit fait peur à Duane, mais il atteint son but : attirer davantage de Rôdeurs, dont sa femme. Si ce dernier abat zombie après zombie, il ne peut se résoudre à l'abattre lorsqu'elle apparaît dans son viseur.

Ce passage se fond avec la scène où Rick tire dans la tête du zombie sans jambes. Comme le shérif adjoint n'a aucun lien avec ce personnage au-delà de la pitié qu'il lui inspire, c'est plus facile pour lui que pour Morgan. Mais ça en dit néanmoins beaucoup sur le personnage et sur la série TV dans son ensemble. « Je crois que ce que Frank a réalisé dans le pilote améliore vraiment cette scène, et lui confère encore plus d'émotion », déclare Kirkman. « Ça a vraiment tiré le reste vers le haut. À mon sens, les meilleurs moments de la série interviennent lorsque Frank et les autres scénaristes prennent un passage du *comic book* et l'améliorent au point que ça en devient embarrassant pour moi. »

La juxtaposition des scènes apporte un niveau de profondeur à la série qui met en valeur son traitement des personnages par rapport aux histoires de zombies traditionnelles. « C'était l'objectif », explique Gale Anne Hurd. « D'opposer la manière dont différentes personnes qui survivent dans ce monde surmontent les difficultés. Morgan est incapable de reprendre le cours de sa vie. Il ne peut pas abattre sa femme, bien qu'elle soit devenue un zombie, et même s'il sait qu'il ne la retrouvera jamais comme avant. En vérité, si elle s'approchait de lui ou de son fils, elle essaierait de les dévorer. Mais il a beau essayer, il n'arrive pas à presser la détente. Et s'il ne peut pas presser la détente, il ne peut pas partir. Ce sera son défi quotidien. Mais Rick doit avancer. Même s'il n'est pas sûr que sa femme et son fils ont survécu, il l'espère car ils ont clairement quitté la ville, puisque les albums photos ont disparu. »

Ce n'est pas seulement le script qui permet à cet instant de fonctionner. Les techniques de maquillage ont fait de gros progrès depuis *La Nuit des Morts Vivants*. Pour créer ce personnage qu'on appellera « la fille au vélo », il faudra le travail d'une actrice humaine transfigurée par le maquillage et les effets spéciaux.

Ce personnage a été créé pour s'attirer la sympathie du public et non pour éveiller sa terreur. Pour ce faire, il faut qu'elle soit mobile malgré l'absence de ses jambes, tout en ayant un visage capable d'exprimer l'émotion de la scène. Une marionnette ne peut pas faire ça. Pour lui donner vie, il faudra l'intervention du superviseur du maquillage et des effets spéciaux, Greg Nicotero du KNB EFX Group, et de l'équipe d'effets spéciaux de Stargate Studios. « C'était un super mélange de maquillage prothétique et d'effets visuels », raconte Jason Sperling, le superviseur des effets

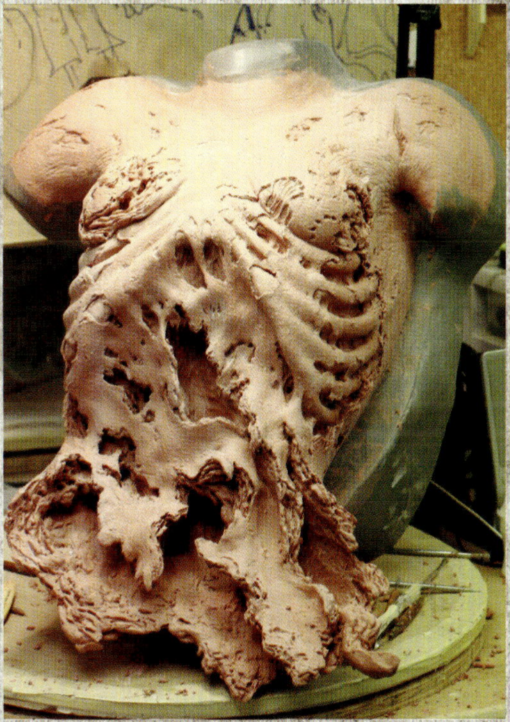

CI-DESSUS, EN HAUT : Un des premiers croquis du personnage qui sera surnommé « la fille au vélo ».

CI-DESSUS, EN BAS : Le tronc de la « fille au vélo » a été créé à partir d'un moulage du corps de l'actrice.

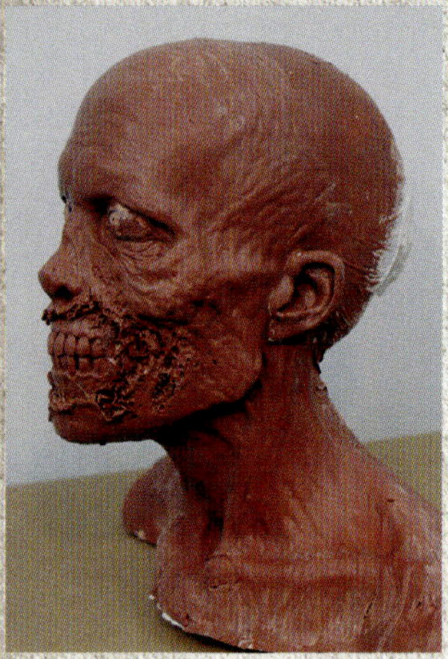

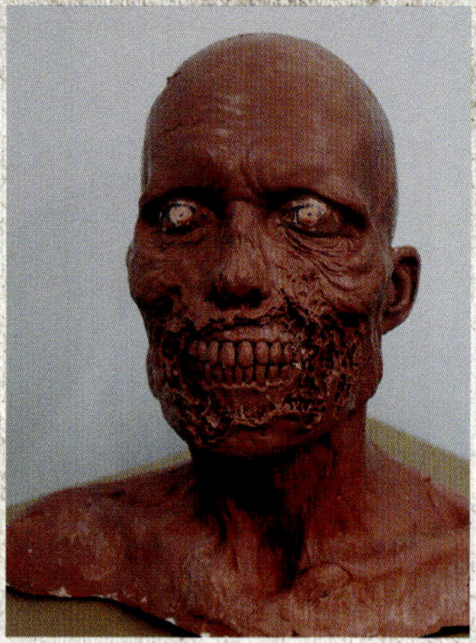

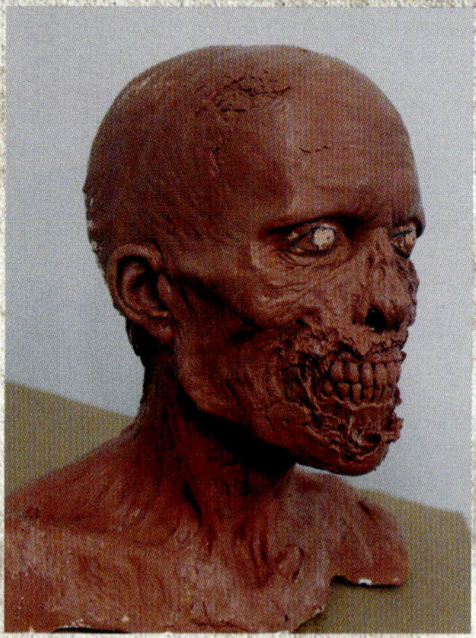

CI-DESSUS : Le moulage de son crâne a permis aux maquilleurs de créer le dentier qui sera attaché à Melissa Cowan le jour du tournage.

spéciaux. « Greg a réussi à maquiller cette superbe femme pour en faire un personnage incroyablement dramatique. »

Nicotero fait venir l'actrice d'Atlanta à son studio de Los Angeles. Là, l'équipe de maquillage réalise un moulage de son corps et de son visage afin de créer un morceau avant et un morceau arrière qui vont entièrement recouvrir le haut de son corps. « Ensuite, nous avons sculpté son tronc », explique Nicotero. « Tous les organes internes étaient tombés. On avait de la peau qui faisait des plis. » Une fois revenus sur place, le maquillage complet compte six ou sept pièces qui sont apposées sur l'actrice durant une séance de trois heures, le jour du tournage.

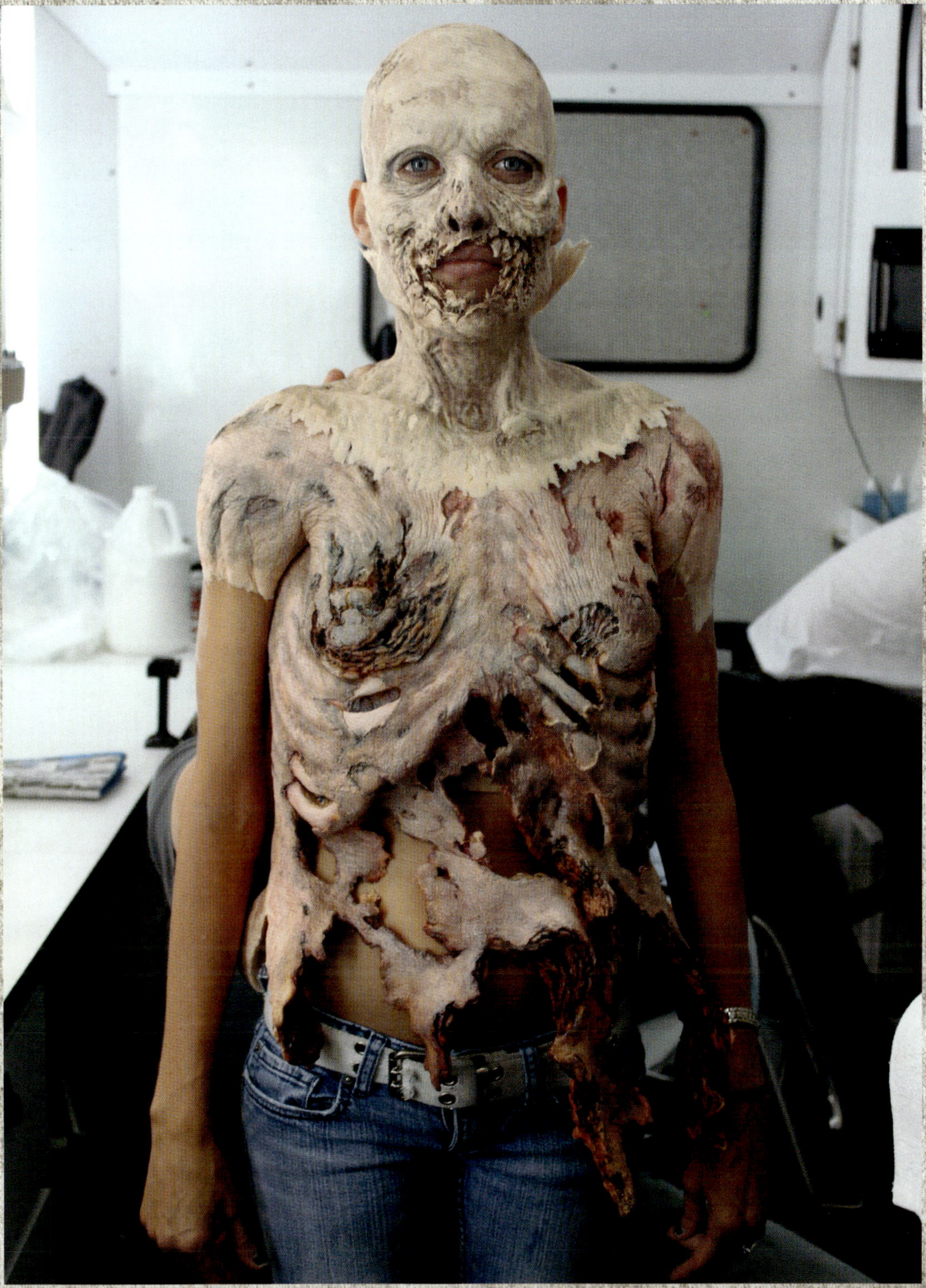

CI-DESSUS : À mi-chemin du maquillage complet, le jour du tournage.

CI-CONTRE : Complétant le costume de la fille au vélo, des collants bleus permettront à ses jambes d'être supprimées numériquement en postproduction.

CI-DESSUS : Une fois les collants bleus masqués par les effets spéciaux, les artistes ont rajouté numériquement les morceaux d'entrailles sortant du cadavre, et rajouté un fémur fourni par les accessoiristes.

L'équipe a fabriqué un dentier fixé sur le moule de son crâne, puis sculpté tout autour afin que les dents soient bien exposées. « Ce personnage devait susciter une certaine sympathie. Ce n'était pas un monstre, mais elle devait quand même faire peur », explique Nicotero. « En baissant un peu ses sourcils, ça lui a donné un air plus triste. Ça faisait une grande différence. » La sculpture, réalisée par l'artiste maquilleur Jeremy Aiello, donne l'impression que son nez va lui tomber de la figure, ce qui ajoute encore des regrets à son expression.

Le maquillage recouvre toute la partie supérieure du corps de l'actrice, mais la partie basse doit encore être enlevée et dissimulée par les effets spéciaux. Le jour du tournage, elle porte des collants bleus qui seront effacés en postproduction afin que l'équipe puisse ajouter la 3D. « Notre plus grand défi, c'était de masquer l'endroit où le travail de Greg finissait et où le nôtre commençait », explique Sperling. « Nous nous sommes focalisés sur le point de jonction au niveau du torse. »

Nicotero fournit à l'équipe des effets spéciaux un fémur et d'autres morceaux de torse qu'ils peuvent utiliser pour texturer la 3D qui donnera sa touche finale à la fille au vélo. Mais le défi n'est pas dans l'ajout des détails. « Le plus dur, dans un plan comme celui-ci, quand vous allez enlever des morceaux de corps, c'est de modéliser ce que vous voyez dans le trou », développe Sam Nicholson, PDG de Stargate Studios et superviseur des effets spéciaux. « Il faut féliciter notre équipe 3D qui a su complètement recréer ses entrailles : ses intestins, sa colonne vertébrale, les os qui dépassent, la chair. Tout s'accorde parfaitement avec les textures de Greg.

Pour obtenir une telle correspondance, il faut beaucoup de références photographiques du maquillage terminé le jour du tournage. « Puis, on plaque la texture sur le modèle 3D. C'est comme du papier peint, mais c'est de la chair », explique Nicholson. « On sculpte ça autour des morceaux en 3D et on les anime pour qu'ils bougent correctement dans l'herbe. Si vous regardez bien, on dirait vraiment que ses intestins pendouillent dans la pelouse. Et l'herbe aussi, il faut la peindre. Parce qu'évidemment, là où elle est bleue, ça génère un trou. Il n'y a rien derrière. Alors, il faut filmer de l'herbe, qu'on texture comme si elle avait été écrasée parce qu'on a rampé dessus. »

Le processus entier connaît près de quarante révisions qu'il a fallu effectuer très rapidement, Darabont s'impliquant à chaque étape de son développement. L'équipe se demande toujours si elle va trop loin dans la décomposition. « On ne voulait pas détourner l'attention de son visage », raconte Nicholson qui n'oublie pas l'objectif de la scène. « On voulait que ça fasse vrai, mais on ne cherchait pas à attirer l'œil vers les tripes. » Finalement, ils auront conféré au personnage une apparence qui renforce encore l'une des scènes les plus mémorables de la première saison.

CI-DESSUS : Sous son maquillage, la fille au vélo a joué un rôle-clé dans l'épisode, et dans la campagne promotionnelle de la série.

LE STORY-BOARD DE « LA FILLE AU VÉLO »

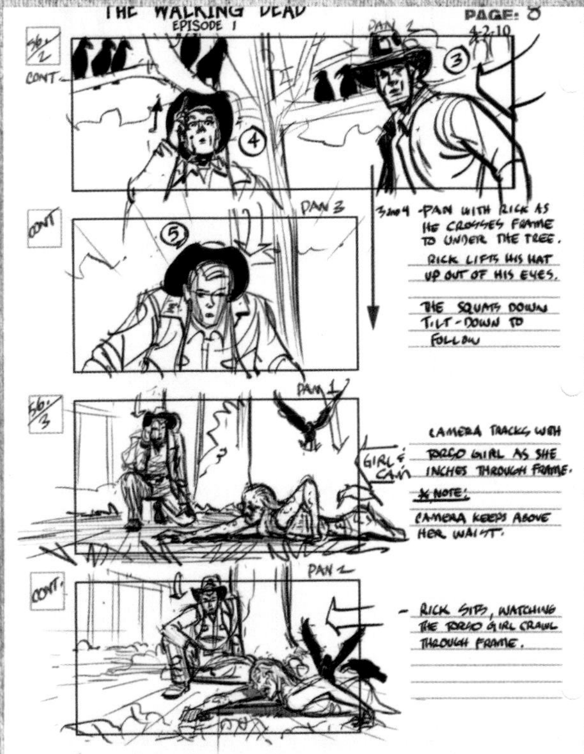
THE WALKING DEAD
EPISODE 1
PAGE: 8
4-2-10
56. 2
CONT.
PAN 2
3
4
CONT
PAN 3
5
3 + 4 PAN WITH RICK AS HE CROSSES FRAME TO UNDER THE TREE.
RICK LIFTS HIS HAT UP OUT OF HIS EYES.
HE SQUATS DOWN TILT-DOWN TO FOLLOW
56. 3
PAN 1
GIRL'S CAM
CAMERA TRACKS WITH TORSO GIRL AS SHE INCHES THROUGH FRAME.
NOTE:
CAMERA KEEPS ABOVE HER WAIST.
CONT.
PAN 2
RICK SITS, WATCHING THE TORSO GIRL CRAWL THROUGH FRAME.

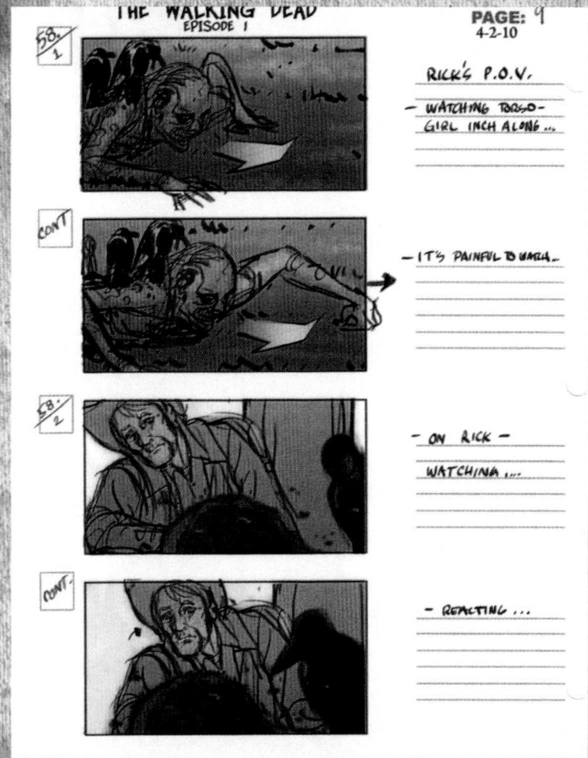
THE WALKING DEAD
EPISODE 1
PAGE: 9
4-2-10
58. 1
RICK'S P.O.V.
- WATCHING TORSO-GIRL INCH ALONG...
CONT
- IT'S PAINFUL TO WATCH...
58. 2
- ON RICK -
WATCHING...
CONT.
- REACTING...

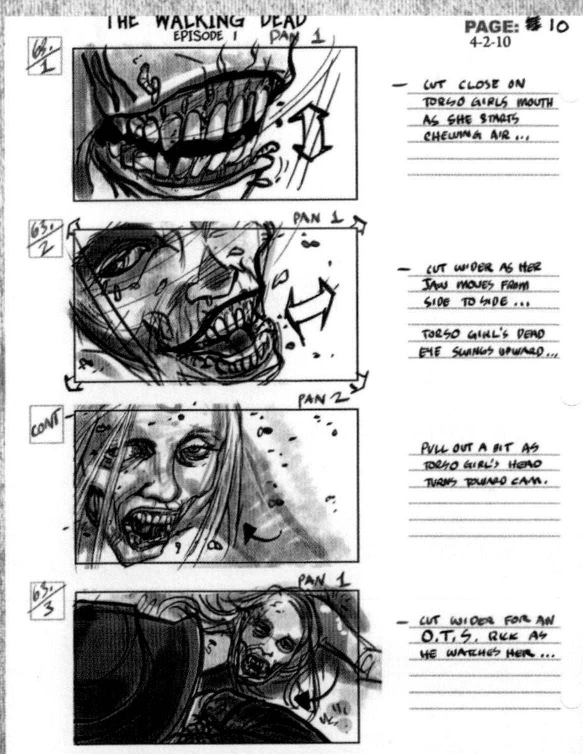
THE WALKING DEAD
EPISODE 1
PAN 1
PAGE: 10
4-2-10
63. 1
- CUT CLOSE ON TORSO GIRLS MOUTH AS SHE STARTS CHEWING AIR...
63. 2
PAN 1
- CUT WIDER AS HER JAW MOVES FROM SIDE TO SIDE...
TORSO GIRL'S DEAD EYE SWINGS UPWARD...
CONT.
PAN 2
PULL OUT A BIT AS TORSO GIRL'S HEAD TURNS TOWARD CAM.
63. 3
PAN 1
- CUT WIDER FOR AN O.T.S. RICK AS HE WATCHES HER...

THE WALKING DEAD
EPISODE 1
PAN 1
PAGE: 11
4-2-10
63. 4
START
STOP
1 RICK SAD...
RICK:
I'm sorry this happened to you...
2 - TILT DOWN TO SEE RICK BRING UP HIS PISTOL...
63. 5
PAN 1
CUT WIDE FOR GUNSHOT...
TORSO GIRL SLUMPS TO THE GROUND...
HUGE KA-BOOM!
ECHOES LOUDLY. CROWS EXPLODE FROM TREE AND RACE IN EVERY DIRECTION.
CONT.
PAN 2
- RICK STANDS OVER TORSO GIRL AS HE HOLSTERS HIS WEAPON...
RICK WALKS OFF...

« *Walking Dead* n'est pas une série où on s'enfuit, se cache, ou dégomme les zombies à coup d'Uzi en sautant du haut des immeubles, tout ça », insiste Kirkman. « Il s'agit avant tout de faire monter la tension. Frank y arrive très bien, surtout dans le pilote. Ce premier épisode est chargé de silences et de scènes lentes qui nous renseignent vraiment sur l'état de ce monde. On voit Rick à cheval qui avance au ralenti dans les rues d'Atlanta et on prend conscience du silence de la ville, c'est vraiment très étrange. Une ville ne peut pas être aussi silencieuse. C'est ce qui fait l'originalité de la série. Ça dit au téléspectateur à quel genre de voyage il peut s'attendre. C'est vraiment super. »

Non seulement les producteurs signent pour une commande de six épisodes, mais AMC accepte de leur laisser un peu plus de temps pour le premier épisode qui dure quatre-vingt-dix minutes (avec des coupures publicitaires limitées). Mais ce n'est pas parce que les scènes à l'écran prennent leur temps que l'équipe de tournage marche au ralenti. Le premier épisode est tourné en quinze jours, ce qui est un peu plus court que la normale pour un pilote, selon Darabont. Mais ça n'est pas un problème pour le producteur. « En fait, j'adore avancer à ce rythme, aujourd'hui », déclare-t-il. « Je sais qu'au début de ma carrière, j'avais la réputation d'avancer lentement. Cela me ferait plaisir de me payer le luxe d'avancer lentement. Mais ça n'est pas nécessaire pour tout. Il faut être très précis, mais pas toujours à ce point-là. »

Avec un CV long comme le bras, Darabont a franchi un certain palier où, en tant que réalisateur, il se permet de ne pas avoir trop à réfléchir pour certaines scènes. « Pas besoin de douter de ses propres décisions », dit-il. « Pas besoin de sortir le rapporteur pour savoir si les pièces vont s'emboîter. Ce n'est pas toujours une partie d'échecs. Parfois, c'est davantage comme une partie de dames. Là, c'était encore plus rapide. C'était du flippeur. Ding, ding, ding, ding ! Vous avez la balle qui rebondit partout et vous n'arrêtez pas de taper dessus. Nous avons tourné à cette allure. C'est vraiment super marrant. »

Le pilote pose les bases d'une série d'épisodes qui suivent la trame imaginée par Kirkman, tout en faisant des détours en chemin pour explorer d'autres options narratives. « On va s'éloigner de ce chemin et développer d'autres idées au fur et à mesure », annonce Darabont. « Mais on suivra toujours la trame narrative qu'il a tracée. Elle est très bonne. »

Sur la série, Kirkman est non seulement producteur délégué, mais il fait aussi partie de l'équipe des scénaristes. Dans ses deux rôles, il soutient la vision de Darabont et il abonde souvent dans le sens du changement, tant il apprécie d'explorer de nouvelles pistes avec des personnages familiers. Pour sa première expérience d'écriture télévisuelle, Kirkman apprend vite la différence entre une salle pleine de scénaristes et la rédaction en solo de ses *comics*.

« J'aime penser qu'écrire des *comics*, c'est travailler sans filet, alors qu'à la télévision, c'est tout le contraire », dit-il. « Quand j'écris les *comics*, je suis absolument seul et j'écris très vite. J'ai mon intrigue et je sais où je vais. Je sais ce

CI-DESSUS : Robert Kirkman s'amuse à poser avec quelques-uns des Rôdeurs aperçus dans la série.

que les personnages doivent faire, où ils doivent aller et tout. Mais pour l'essentiel, je m'assieds et je me dis "Bon, ce type va mourir". Et hop, je le tue, je le dégage et je passe à la page suivante. »

À la télévision, la rédaction des intrigues pour un épisode individuel et pour les futurs arcs se déroule dans la salle des scénaristes, lorsque toute l'équipe est présente. Chaque suggestion est débattue pour explorer ce que l'idée apporte à l'histoire. Par exemple, si un personnage va se faire couper la main, ils envisagent ce que ça va signifier pour ce personnage de traverser le reste de l'aventure avec seulement une main. « On regarde les scènes à part et on considère chaque point de vue, chaque répercussion », explique Kirkman. « Et le soir, on pose la question : "est-ce que l'idée a réussi l'épreuve ? Tout le monde est d'accord ? Est-ce qu'on le fait pour de bon ? C'est une espèce de processus démocratique bizarre." »

Écrire à la fois le *comic book* et la série télé permet à Kirkman de jouer dans deux univers différents. Pas seulement parce que les péripéties divergent par certains points, mais parce que l'histoire a naturellement évolué au cours de ses années de publication. « Je suis tellement en avance sur la télé », dit Kirkman. « La distribution est entièrement différente parce qu'il y a plein de personnages qui sont morts. Au point où on en est, ceux qui ont survécu ont traversé tant d'épreuves qu'ils sont devenus quasiment des personnages différents. Ils se comportent et parlent différemment. »

La série TV permet à Kirkman de revenir en arrière et d'écrire à nouveau pour des personnages sur lesquels il n'a pas travaillé depuis des années. « Je rends visite à de vieux amis que j'ai assassinés. Je regarde des histoires que j'ai racontées selon un autre angle et je les tourne différemment. J'innove, aussi, parce que la série télé a des personnages et des scènes qui ne sont pas dans les *comics*. C'est un peu comme d'aller dans une dimension parallèle pour faire un *Walking Dead* différent. Je m'éclate. »

CHAPITRE TROIS

INSUFFLER LA VIE AUX CADAVRES

Walking Dead est une histoire d'apocalypse où les zombies servent de toile de fond à un drame humain. Mais même reléguées à l'arrière-plan, ces créatures soutiennent tout le concept de la série. Pour vendre l'idée de *Walking Dead*, il fallait que les vrais Morts qui Marchent soient à la fois émouvants et terrifiants – mais surtout convaincants. Peu importe la qualité du script et les efforts de la production : si les zombies ne fonctionnent pas, c'est tout le concept qui s'effondre.

Frank Darabont n'a pas besoin de chercher bien loin pour trouver la bonne société de maquillage et d'effets spéciaux qui accomplira cette tâche. KNB EFX Group crée des maquillages d'effets spéciaux depuis vingt ans. Ils ont travaillé sur des projets comme *Sin City*, *Kill Bill (1 & 2)*, *Une Nuit en Enfer* et la série des films du *Monde de Narnia*. Par ailleurs, la société a été fondée par Greg Nicotero, un des meilleurs amis de Darabont.

Quand on compare les génériques des productions de Frank, on repère bon nombre de noms qui se répètent. Darabont a une équipe de production et des acteurs avec lesquels il travaille régulièrement, parce qu'ils sont des experts dans leur domaine et qu'il apprécie leur compagnie. « C'est marrant de travailler avec ses amis », explique le producteur. « Et c'est encore mieux de collaborer avec ses amis *geeks*, surtout quand ils ont autant de talent de Greg Nicotero. Ça fait au moins vingt ans qu'on se connaît, alors on parle un langage commun. On a toujours voulu faire vivre des monstres ensemble. Notamment des zombies. Alors Greg s'éclate, ici. »

Nicotero partage ce sentiment. Il considère aussi que Darabont est un ami proche. En fait, toute l'équipe de production s'entend très bien, en partie parce qu'ils ont des intérêts communs. « Nous avons vécu des choses similaires », renchérit Nicotero. « Nous avons tous lu le magazine *Famous Monsters*, vu les films de Ray Harryhausen, *La Nuit des Morts Vivants*, les John Carpenter, *Les Dents de la Mer*. Nous avons tous adoré les mêmes films. »

« Quand nous avons commencé, je lui ai donné pour seules instructions "fais-moi les meilleurs zombies possibles" », se souvient Darabont. « Je lui ai dit de faire de son mieux et il l'a fait, avec sa société KNB, avec Jake Garber et Andy Schoneberg et ses autres collaborateurs. C'est génial d'avoir à disposition des maquilleurs de classe mondiale. Ils dépassent les limites et ils nous font des surprises sur le tournage. De temps en temps, ils sentent que telle ou telle séquence peut mettre un zombie en avant, alors ils imaginent un super maquillage et ils le réalisent le jour même. C'est extraordinairement rafraîchissant et gratifiant. »

Heureusement, la société avait déjà une certaine expérience des zombies. « On avait bossé sur deux autres films de zombies », explique Nicotero. « Alors, on a défini ce à quoi il nous

CI-DESSUS : L'artiste Joe Giles de KNB EFX est l'un de ceux qui ont prêté leur corps à l'équipe de maquilleurs pour créer l'apparence des zombies dans la série TV.

PAGE PRÉCÉDENTE : Frank Darabont était tellement satisfait du maquillage de Giles que le réalisateur en a fait un zombie vedette dans le pilote.

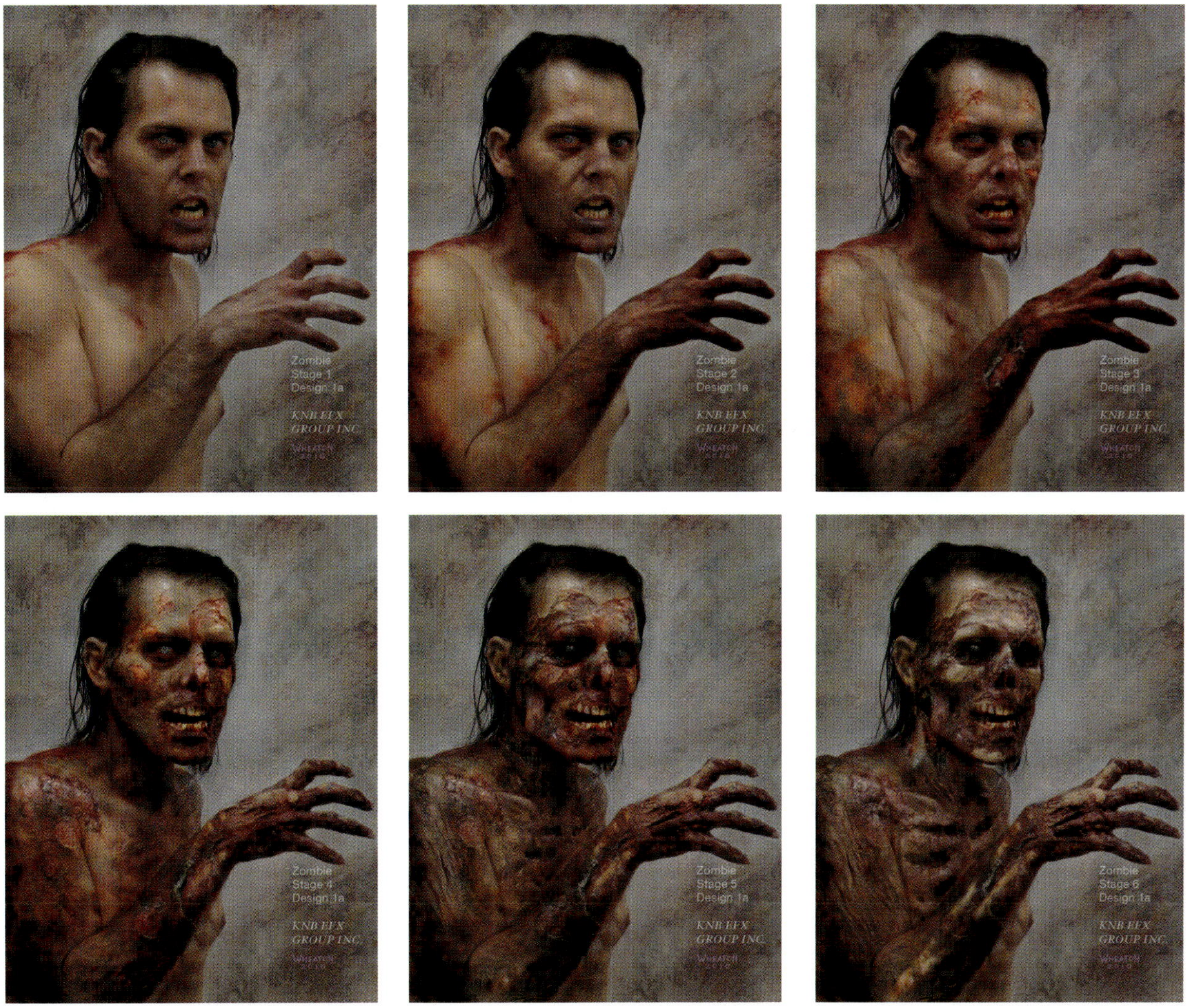

CI-DESSUS : Sur la base de la photo de Giles, Nicotero a développé six étapes de décomposition des zombies. Pour le pilote, sous la direction de Darabont, les artistes se sont calés sur l'étape 3 de la décomposition, se réservant l'opportunité de décomposer davantage les zombies plus tard dans la série.

semblait que les zombies devraient ressembler, en prenant en compte tout ce qui avait déjà été fait avec des zombies. Dans certains projets, les zombies se déplacent si vite qu'on ne les met jamais en avant. Nous, on se situait plutôt dans l'univers de George Romero. Ils sont lents quand on ne les provoque pas, mais s'ils s'excitent, ils peuvent s'agiter suffisamment pour devenir une véritable menace. »

Lors de leurs premières conversations, Nicotero et Darabont doivent définir à quel moment l'invasion zombie a commencé. Ainsi, les maquilleurs peuvent savoir jusqu'à quel niveau de décomposition ils doivent aller. « Finalement, on a opté pour une progression », explique Nicotero. « On a montré ces photos à Frank et on lui a dit "D'après toi, ces créatures remontent à combien de temps ? Est-ce qu'on va avoir besoin de les décomposer jusque-là ? Est-ce qu'on va aller jusqu'à voir leurs os et leur crâne ?" ». Darabont fournit un repère à l'équipe en répondant que l'action se déroule [.../...]

ÉPISODE 2 : « TRIPES »

Écrit par Frank Darabont
Réalisé par Michelle MacLaren

RICK : Si on veut survivre, faut qu'on se serre les coudes. Pas qu'on se tire dans les pattes.

SYNOPSIS : Lori part seule dans les bois pour cueillir des champignons pour le dîner. Une brindille craque. Des oiseaux s'envolent. Elle sait qu'elle n'est pas seule. Une main recouvre sa bouche et elle ne peut pas crier. Ce n'est pas un Rôdeur. C'est

Shane qui saisit l'opportunité d'un rendez-vous secret. Leur baiser passionné est interrompu lorsqu'elle ouvre sa chemise, révélant l'alliance de Rick qu'elle porte toujours autour du cou. Après l'avoir enlevée ils font l'amour dans la forêt, ignorant que son mari est toujours en vie, coincé dans un tank à Atlanta.

La voix qui retentit dans la CB du tank propose à Rick de l'aider à se tirer de ce mauvais pas en lui fournissant un plan d'évasion pendant que les Rôdeurs dévorent son cheval. Rick prend un pistolet et une grenade au soldat mort à côté de lui et tente une sortie, abandonnant son sac d'armes dans la rue derrière lui. Il tire plusieurs coups de feu sur les Rôdeurs avant de tomber sur Glenn, son sauveur.

TIENS. FROTTE ÇA SUR TES VÊTEMENTS ET GARDE-LA DANS TA POCHE. QUELQUES MORCEAUX CHACUN, ÇA DEVRAIT FAIRE L'AFFAIRE.
HWAGG!

Glenn emmène Rick jusqu'au grand magasin où attend le reste de son groupe. Andrea, Jacqui, T-Dog et Morales sont venus en ville avec Glenn pour ramasser des vivres, espérant s'en sortir sans incident. À présent, les voilà piégés parce que les coups de feu de Rick ont attiré plus de « Geeks » (comme Glenn les appelle) dans la zone.

De nouveaux coups de feu attirent tout le monde sur le toit où ils retrouvent un autre membre du groupe, Merle Dixon, occupé à tirer sur les zombies en contrebas. Néo-nazi en herbe, ce dernier s'en prend à T-Dog en débitant des insultes racistes. Il le menace de son arme dans une tentative de prise de commandement du groupe. Rick maîtrise Merle et le menotte à un tuyau afin de pouvoir mieux gérer la menace des morts-vivants qui assiègent leur immeuble.

Les égouts sous le bâtiment ne pouvant servir d'issue de secours, Rick met au point un nouveau plan. Les survivants saisissent les cadavres de deux morts-vivants qu'ils ont abattus dans l'immeuble. Rick prend un instant pour porter leur deuil avant de les démembrer à grands coups de hache. Lui et Glenn se recouvrent des restes des morts afin de masquer leur odeur quand ils se faufileront entre les zombies pour atteindre un camion sur un chantier adjacent. Le plan fonctionne jusqu'à ce qu'une averse débarrasse Rick et Glenn de leur puanteur. Ces derniers doivent alors courir jusqu'au véhicule.

Dans la précipitation du départ, T-Dog fait tomber la clé des menottes de Merle. Il plonge désespérément pour la rattraper, mais la clé est hors d'atteinte. Alors que les morts-vivants sont sur le point de pénétrer dans l'immeuble, T-Dog n'a d'autre choix que d'abandonner derrière lui l'homme qui le haïssait. Il parvient néanmoins à cadenasser la porte pour empêcher les morts-vivants d'atteindre Merle.

Tandis que Rick va garer le camion à l'arrière du grand magasin, Glenn vole une voiture en déclenchant l'alarme afin d'attirer les zombies à sa suite. Andrea, Jacqui, T-Dog et Morales montent à bord du camion. Ils quittent la ville pour se mettre à l'abri, alors que, sur le toit, Merle lutte pour se libérer.

[.../...] environ six semaines après le début de l'épidémie. Ce faisant, il leur donne ainsi l'opportunité d'évoluer par la suite.

Le point de départ de l'épidémie n'est pas le seul élément à prendre en compte. Il faut également considérer la période du jour durant laquelle sera filmée la série. Les films de zombies traditionnels se déroulent de nuit pour renforcer l'ambiance et maintenir une certaine tension grâce aux ombres et à l'obscurité. « Ce qu'on ne voit pas prend le pas sur ce qu'on peut voir », explique Nicotero. Mais en accord avec son point de vue atypique, *Walking Dead* ne fait pas comme tout le monde. « On va tourner à Atlanta, en plein jour, sous le soleil. Alors, les maquillages doivent vraiment tenir la route. »

Les maquilleurs créent des visages de zombies en associant lentilles de contact, dentiers et prothèses. Pour la plupart, ils se contentent de peau arrachée, sans rajouter trop de sang car il ne s'agit pas de donner dans le gore. Le but est d'imiter une lente abrasion de la peau pour obtenir l'illusion de la décomposition naturelle. Nicotero s'associe alors avec le designer John Wheaton de KNB EFX pour développer une suite d'apparences dans le spectre d'évolution déterminé avec Darabont.

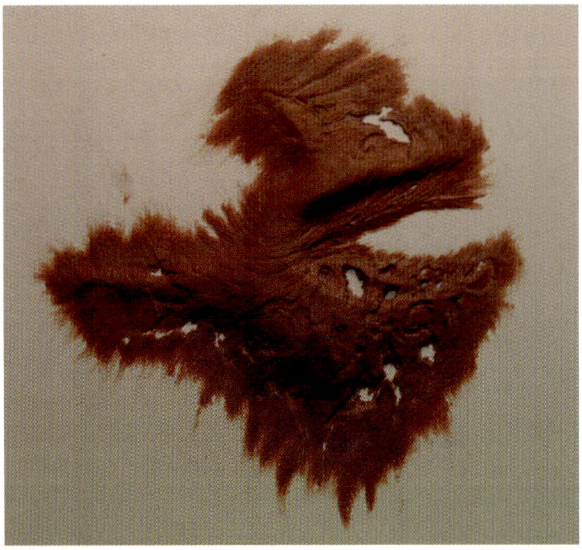

CI-DESSUS : Des décalcomanies en trois dimensions sont positionnés sur les figurants zombies pour simuler rapidement la décomposition.

Tout au long du processus, Nicotero s'inspire du travail de Romero, mais il a de nombreuses options que son mentor n'aurait pu imaginer à la fin des années 60. « Les matériaux ont sacrément avancé, ces vingt-cinq dernières années », admet Nicotero en avouant que les prothèses en silicone et les décalcomanies 3D lui facilitent grandement la tâche. « Ces décalcomanies ressemblent à un tatouage temporaire. On le mouille, on enlève la protection et hop, vous voilà tatoué. »

L'équipe KNB EFX fabrique des tatouages 3D qui peuvent se poser rapidement et correspondre à la couleur de peau d'un acteur. Les maquilleurs n'ont plus besoin de farder tout le visage des acteurs. Ils fabriquent un canevas de blessures et créent des zombies différents selon leur utilisation du matériel. « On pouvait les mélanger et les arranger de telle sorte que, le jour venu, on avait trente ou quarante personnes qui débarquaient », développe Nicotero. « Ils rentraient dans la caravane, chacun leur tour. Je les regardais et je disais "bon, toi, je sais où tu vas aller", puis on préparait les morceaux et on le maquillait. »

Tous les jours, l'équipe de tournage change de figurants et de personnages. Ainsi, ils n'ont pas besoin de se soucier de la continuité dans l'apparence des zombies. Pour une série de cette ampleur, la flexibilité du maquillage est particulièrement importante. Comme l'explique Nicotero, « on a des scènes avec cent-cinquante zombies. On en met vingt en avant, quarante au second plan et quatre-vingt-dix en arrière plan. On voulait voir à quel rythme on pouvait enchaîner des maquillages très réussis. »

Avant de grimer les acteurs, ils commencent leurs essais sur les collaborateurs de l'atelier, avec différentes approches de maquillage et différentes apparences. L'éclairage joue un rôle important lors des essais et fournit des informations utiles pour leurs créations. « Ça accentuait les pommettes et du coup, les yeux avaient l'air très enfoncés », explique Nicotero. « Ça nous a donné une bonne idée du genre de personnes à qui on collerait des prothèses. On voulait des gens avec de grands yeux. Avec de bonnes pommettes. Et pas forcément un trop grand nez, pour qu'on puisse accentuer le front et les pommettes et réduire le nez. Les grands yeux, c'était bien, parce que les lentilles ressortaient vraiment. »

Chaque portion du visage est scrutée en fonction du maquillage final et des besoins de la narration. Nicotero dispose déjà d'une quantité d'informations grâce à ses expériences précédentes sur des projets de films de zombies. Il s'appuie sur tout ça pour ses nouvelles créations, tout en étudiant le matériel de départ. « L'arme de base des zombies, c'est leurs dents », note-t-il. « Quand on examine les dessins de la BD, les dents sont toujours apparentes dans une espèce de rictus squelettique menaçant. »

S'il semble évident que les maquilleurs doivent s'inspirer des *comics*, c'est un honneur qui surprend Charlie Adlard. « Un des meilleurs compliments qu'ils ont pu me faire, quand j'étais sur le tournage », se souvient-il, « c'est qu'ils basaient l'apparence de leurs zombies sur le

[.../...]

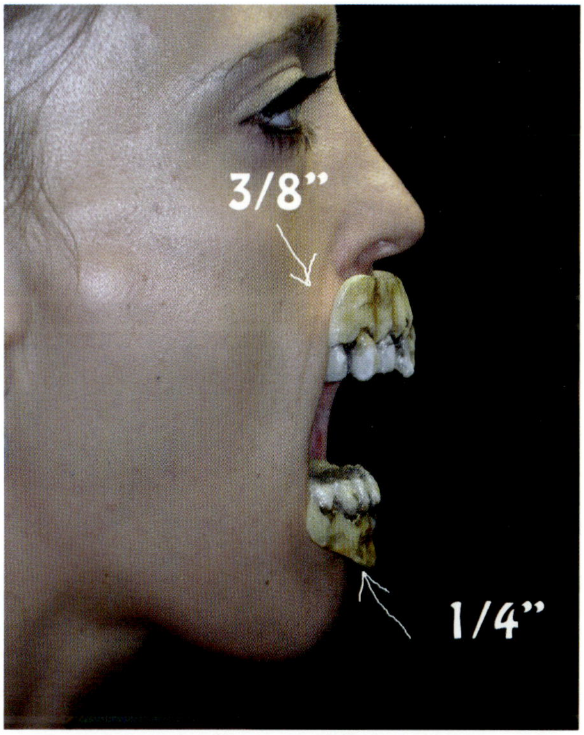

CI-DESSUS : Un visuel tiré de l'épisode n°8 montre l'importance des dents telle que les maquilleurs ont essayé de la retranscrire à l'écran. Les dentiers étaient retaillés si nécessaires afin de bien coller au menton.

« PETITE ? JE SUIS OFFICIER DE POLICE... PETITE ?... T'AS PAS À AVOIR PEUR. TU M'ENTENDS ? »

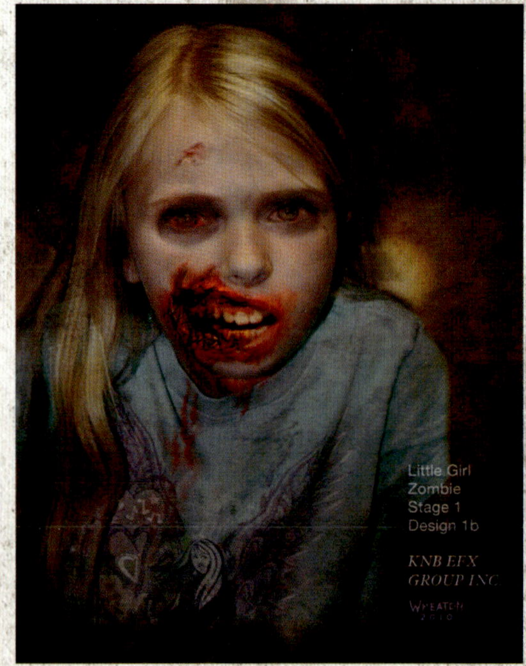

Elle se retourne. Elle le dévisage de ses yeux creux. Sa chair arrachée laisse entrevoir l'os de son crâne. Ses lèvres déchirées découvrent une rangée de dents baguées. Des vieux morceaux de viande avariée sont fichés dans le métal. Elle est morte. Pas malade. Ni déguisée pour Halloween. Morte.

Les premières minutes du pilote mettent en scène un zombie qui se fait abattre. Elles donnent le ton et informent le téléspectateur du type de série qu'il est sur le point de regarder. Seul dans une station-service à l'abandon, Rick Grimes aperçoit une petite fille qu'il prend pour une innocente victime abandonnée. Si elle est effectivement une victime, son innocence a disparu. C'est une morte-vivante et lorsqu'elle s'avance vers Rick, il n'a d'autre choix que de lui tirer dans la tête pour l'empêcher de s'en prendre à lui. On ne voit pas ça tous les jours à la télévision. Et on a bien failli ne pas le voir à l'écran.

« Dans la première version du script, on ne voit pas la petite fille zombie aussi vite », explique Greg Nicotero. « Si mes souvenirs sont bons, c'était une espèce d'accroche. Rick est dans la station-essence et on commence à la voir, mais ça coupe tout de suite. Et on revient en arrière. Au montage ou bien pendant que Frank tournait, il a décidé que ce serait bien plus puissant si on restait sur cette scène sans passer par le flash-back. »

C'est un défi de mettre au point cette scène capitale avec une actrice aussi jeune. Elle doit porter des lentilles de contact, un dentier et des prothèses. Si Nicotero n'apprécie guère qu'un acteur adulte se plaigne d'un rôle pour lequel il s'est engagé, il sait faire preuve d'une infinie patience avec les enfants. « Pour moi, le plus important », dit-il, « c'était de m'assurer qu'elle se sente aussi bien que possible, le jour du tournage ». Il suggère aux producteurs de faire venir la jeune fille sur le tournage deux jours plus tôt pour qu'elle se familiarise avec le dentier et les lentilles.

« Les lentilles de contact et le dentier ne sont pas très agréables à porter », admet Nicotero. « Surtout son dentier, car celui-ci retrousse un côté de la joue, comme si quelqu'un lui en avait croqué une grosse bouchée, révélant ses dents. » Le dentier inclut de fausses bagues. Nicotero veut qu'elle s'habitue à tout, de sorte que lorsqu'elle devra jouer son rôle, elle aura l'esprit clair.

Nicotero pense que le temps supplémentaire dont elle a bénéficié pour essayer le maquillage a fait toute la différence, le jour du tournage. « Il faisait 38°C, dehors. Ça collait de partout. Elle bavait tout le temps à cause de son dentier qui lui tordait la lèvre… À un moment donné, elle s'est assise et j'ai vu du sang dégouliner du coin de sa bouche. Je n'arrêtais pas de lui demander “Ça va ?”, “Oui, ça va”, elle me répondait. On a essayé de la mettre autant à l'aise que possible et elle a fait du super boulot. »

Dans ce cas, il est important d'utiliser au maximum les effets visuels, afin que ne pas lui faire endurer plus que nécessaire. « On ne peut pas attacher un pétard à l'arrière du crâne d'une petite fille de sept ans », prévient Sam Nicholson. « Dans ce cas, il n'y a pas d'autre solution. Si on fait appel aux effets visuels, il faut que ça ait l'air vrai. Et il faut que ça se mélange parfaitement avec tous les effets physiques que

Greg ajoute sur le tournage. C'est vraiment génial quand on peut faire fonctionner à l'unisson des services aussi différents que les prothèses, les effets visuels ou les effets mécaniques. »

CI-DESSUS : Les giclées de sang sont ajoutées numériquement plutôt qu'avec le faux sang des maquilleurs pour éviter de mettre la jeune actrice encore plus mal à l'aise.

PAGE PRÉCÉDENTE : Recherches graphiques pour la petite fille zombie jouée par Addy Miller.

[.../...] *comic book*. Ils n'étaient pas obligés. Mais ils jugeaient que la manière dont Tony et moi avions représenté les morts-vivants était suffisamment forte pour qu'ils s'en inspirent. J'espère que ça se voit dans la série. »

Pour les dents, la BD n'est pas la seule inspiration de Nicotero : la vraie vie lui sert également de modèle. Après avoir fabriqué des cadavres tout au long de sa carrière, il a acquis un certain savoir anatomique utile dans son métier. « Quand on regarde des photos de momies ou de cadavres qui ont été conservés, les lèvres sont souvent rétractées », explique-t-il. « C'est comme si la peau devenait de plus en plus tendue et que tout était tiré en arrière. C'est ce qu'ils faisaient dans le *comic book* et je m'étais toujours dit que ce serait intéressant : dévoiler les dents et s'en servir pour faire peur. »

Pour parvenir à cette apparence, KNB construit des prothèses qui s'adaptent par-dessus les lèvres des acteurs, créant l'illusion que la peau se retire de la bouche, alors qu'en réalité, c'est la bouche qui a grandi.

En plus des « tatouages » 3D, ils fabriquent également des masques complets pour les zombies de l'arrière-plan, pour des raisons pratiques. Tous les zombies n'ont pas besoin d'une apparence sur mesure et l'équipe doit faire des économies sur les morts-vivants qui ne seront pas mis en avant. « Nous n'avions pas le budget pour réaliser cent cinquante maquillages par jour », explique Nicotero. « On avait cinq maquilleurs, parfois plus, quand on tournait. On a finit par sculpter plusieurs masques différents. On a fait en sorte qu'ils soient plus ou moins génériques, afin de pouvoir peindre par-dessus et les différencier à chaque fois. »

Ces masques basiques fournissent de nombreux visages grotesques qui aident à remplir les scènes. Les masques ont été sculptés par-dessus des crânes approximatifs. L'équipe a gratté un peu de mousse ou de silicone pour révéler plus ou moins d'os et les rendre plus effrayants. « C'était un vrai défi », se souvient Nicotero. « Nous avions tant de choses à faire en si peu de temps. Et nous n'avions lu que le pilote. Nous n'avions pas encore reçu les autres scripts pendant la préparation. C'était en février et le tournage ne commençait qu'en juin. Nous avons dû anticiper ce que nous allions faire. »

Si l'apparence qu'ils développent pour les zombies crève l'écran, elle fonctionne très bien aussi en face à face, ce qui provoque parfois des résultats comiques. Le producteur délégué David Alpert se souvient : « Un des moments les plus surréalistes que j'aie jamais vécus s'est produit à Atlanta, pendant qu'on tournait le pilote. Nous avions une scène avec, grosso modo, deux cents morts-vivants qui attaquent le cheval. J'arrive dans la zone où les zombies se font maquiller et ils sont tous en train d'attendre. Ceux dont le maquillage est prêt sont assis dans la grande salle de presse et je me retrouve devant des zombies qui téléphonent avec leur portable, des zombies qui lisent les journaux, des zombies qui déjeunent. C'était bizarre. »

Une fois les cadavres préparés par KNB EFX, il reste une dernière chose à approfondir : le sang. Quel que soit l'intérêt porté par les producteurs, les critiques ou les fans envers les personnages vivants, c'est pour le gore que bon nombre de téléspectateurs regardent la série. C'est impossible de raconter une histoire de zombies sans se salir les mains.

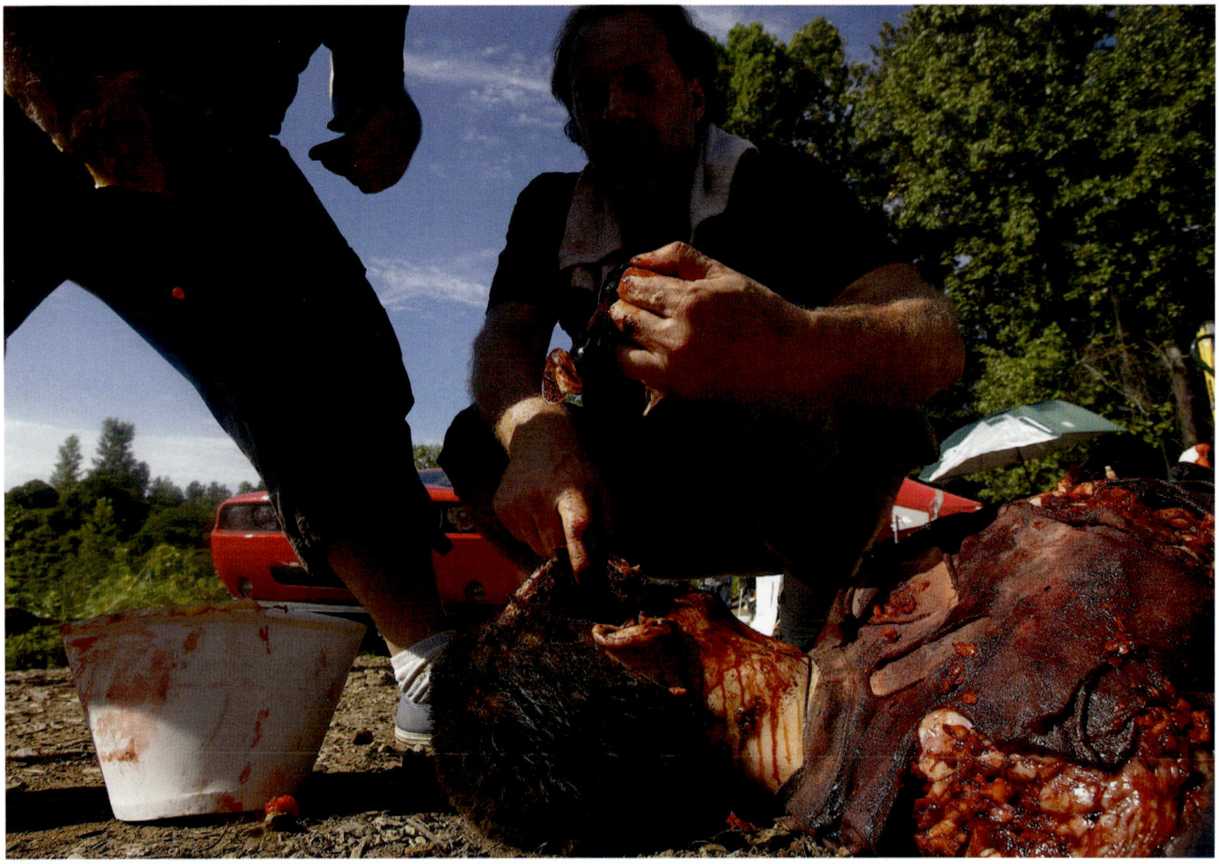

CI-DESSUS : Nicotero arrose un faux cadavre de sang pour un impact maximal.

Passer de la vie à la non-vie est un processus violent. Il faut au minimum se faire mordre une fois, mais les Rôdeurs s'arrêtent rarement en si bon chemin. Les victimes qui ne se font pas complètement dévorer se relèvent. Le corps commence sa décomposition à partir de l'état dans lequel il se trouve au moment de la mort. Les zombies de *Walking Dead* doivent retranscrire visuellement la violence qui a mis fin à leur vie. Ainsi, chaque corps raconte une histoire.

« Une chose que j'ai toujours trouvée importante à propos des zombies, c'est la retranscription de la violence par la façon dont le sang est versé », explique Nicotero. « On ne peut pas prendre un pinceau et peindre du sang, ça n'aura pas l'air organique. Alors, ce qu'on a toujours fait, c'est simuler la violence en leur aspergeant le visage de sang. L'idée, c'est que le sang gicle partout quand les zombies mordent. Quand on regarde le maquillage, on voit plein de petites taches de sang autour de la morsure, ça fait authentique. Comme si le gars s'était fait attaquer et avait tenté de se défendre en saignant à mort. »

En dehors du sang qui reste à l'extérieur, les cadavres réanimés ont encore du plasma dans les veines, ce qui rend les scènes où ils se font abattre encore plus spectaculaires. Ces morts peuvent n'apparaître qu'un instant à l'écran, mais ils nécessitent un travail considérable et une préparation minutieuse. Avec les années, Nicotero a appris une règle capitale à propos de cet effet : « de par leur nature, les projections de sang sont imprévisibles ». Mais l'impossibilité de maîtriser le sang pour s'accorder aux souhaits de la production n'est pas la seule difficulté.

Dans le passé, une giclée sanglante convaincante nécessitait l'utilisation d'un minuscule explosif placé sur le corps de l'acteur pour simuler un impact de balle. Cette méthode n'est plus en cours pour des raisons pratiques. Dans les années 70, lorsque Romero travaillait sur son deuxième chef-d'œuvre, *Le Jour des Morts Vivants*, il n'y avait pas de règles quant à l'utilisation de ces pétards. On pouvait en mettre sur tout le monde, y compris les figurants sans aucune expérience de ce genre de dispositif. Aujourd'hui, il faut que ce soit un cascadeur, ce qui est beaucoup trop cher pour un projet qui dénombre des dizaines de zombies qui se font

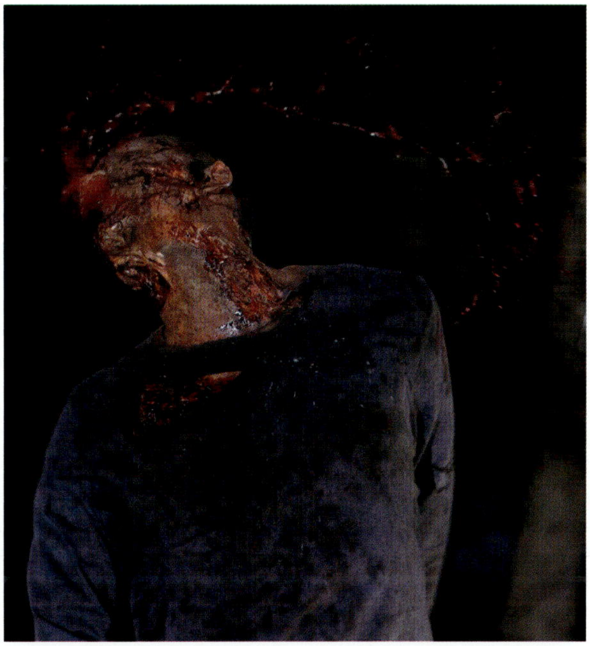

CI-DESSUS : Le dispositif à air comprimé a permis à l'équipe de filmer les projections de sang sur place avec un minimum d'effets ajoutés en postproduction.

abattre et couper en morceaux. Et même avec un cascadeur, la méthode n'est pas infaillible. « Sur un rythme de série télé, nous avions huit jours par épisode », explique Nicotero. « Il y a certaines réalités incontournables. Faire sauter un pétard sur la tête de quelqu'un, projeter du sang partout, nettoyer et passer vingt minutes à tout remettre à zéro – ce qui est rapide – n'est pas très pratique. »

Nicotero détermine que les projections issues d'une blessure à la tête d'un zombie doivent respecter deux paramètres : « elles doivent être instantanées et elles doivent couler vers l'avant pour qu'on les voie bien ». Avec les explosifs, le dispositif doit souvent être positionné derrière la tête de l'acteur pour des raisons de sécurité. Le sang est alors projeté vers l'arrière et donc en dehors du champ visuel principal.

Avec ces facteurs en tête, l'équipe des effets spéciaux conçoit une veste équipée d'un réservoir dorsal qui contient une réserve de sang pouvant être expulsée instantanément vers l'avant. Mais une explosion dans le réservoir atomiserait le liquide. L'équipe a besoin d'un instrument qui va projeter le sang pour qu'il soit bien visible. Ils utilisent alors une sorte de soufflet pour propulser de l'air dans la veste et chasser le liquide. Comme l'explique Nicotero, « On avait un tube de trois mètres, on écrasait le soufflet et tout l'air du tube chassait le liquide instantanément. Ce n'était pas un explosif, c'était juste de l'air. Du coup, personne ne risquait rien et pour remettre le truc à zéro, il fallait juste remplir à nouveau le réservoir. »

[.../...]

L'ÉCOLE DES ZOMBIES

CI-DESSUS : À l'école des zombies, les diplômés de la promo 2010 traînent les pieds.

« Un jour, quand je suis retourné avec mon père sous le chapiteau à air conditionné, une actrice zombie s'était couchée par terre pour se rafraîchir. Nous, on a cru que c'était un des mannequins de Greg, jusqu'à ce qu'elle s'asseye ! Du coup, quand le petit Noah [Lomax] est arrivé dans la tente, on lui a dit "hé, Noah, regarde un peu ce mannequin, il est tout mou !". Alors, il s'est approché pour regarder et l'actrice – qui s'était recouchée sans bouger – s'est brusquement redressée et lui a collé la trouille de sa vie ! Qu'est-ce qu'on s'est marrés ! » Chandler Riggs

Pour créer le zombie parfait, il n'y a pas que l'extérieur qui compte. Les acteurs sous le maquillage doivent être capables d'incarner la créature dont ils jouent le rôle. Si Frank Darabont a toujours apprécié le talent discret des figurants, ils sont absolument essentiels au succès de *Walking Dead*.

« Au-delà de la scène de rue classique, où les gens marchent en arrière-plan ou dînent en terrasse, les figurants sont encore plus importants pour un film que les gens l'imaginent », déclare le producteur. « Par exemple, dans *La Ligne Verte*, lorsque Michael Jeter est électrocuté et que ça tourne mal, j'avais besoin d'une salle pleine de gens qui devaient vraiment être acteurs. Afin de réagir. De faire vraiment partie de la scène et non de servir de potiche à l'arrière-plan. »

C'est la même chose sur la plupart des projets de Darabont. Dans *The Mist*, il y a plein de gens dans un magasin durant tout le film. Ça nécessite davantage que de leur dire où se tenir et quand marcher. « Il faut les rassembler et tirer le meilleur de leur travail », explique Darabont. « On leur explique ce qu'on attend d'eux le jour où ils sont présents sur le tournage. Quand on fait ça, les gens pigent le truc. Ils comprennent que ça sera différent des autres boulots de figuration qu'ils ont connus. C'est bien plus intéressant parce qu'ils ont vraiment un rôle à jouer. »

Darabont veut faire quelque chose dans le même esprit sur *Walking Dead*, notamment parce que Nicotero lui a parlé du travail avec les figurants zombies. Darabont développe : « Il m'a dit que George Romero lui avait raconté que le problème des figurants qui débarquent à froid sur le tournage, c'est qu'ils n'ont aucune idée de la manière dont doit se comporter un zombie. La tentation, c'est de leur montrer ce qu'on attend d'eux et de se retrouver avec une centaine de gens qui font tous exactement pareil. »

C'est ainsi qu'est créée « l'école des zombies » où les figurants zombies reçoivent un entraînement spécifique à leur tâche. Au début, l'idée ne plaît pas à tout le monde. « Je me suis d'abord dit qu'une école des zombies, ça représentait beaucoup de travail », reconnaît Nicotero. Il se souvient que le producteur exécutif Tom Luse fut l'un des principaux avocats de ces cours, et que c'est lui qui l'a convaincu. Nicotero est loin de trouver l'idée mauvaise, mais il y a tant à faire que l'idée de consacrer trois jours à former les figurants l'épuise déjà.

Finalement, Nicotero accepte et arrive plus tôt à Atlanta pour travailler avec les figurants. « Avec le recul », admet-il, « ça a fait une sacrée différence. Je suis très heureux que nous ayons pu agir ainsi. Ça m'a donné un aperçu de qui jouait le mieux, de qui avait la meilleure tête de zombie, de qui était moins bon, etc. »

Nicotero prépare une cassette démo de ce qu'il considère comme étant de bonnes scènes de zombies dans d'autres projets. Il envoie la bande à Darabont pour s'assurer qu'ils sont sur la même longueur d'onde, sur quoi le producteur lui renvoie ses propres suggestions afin de finaliser la présentation qui leur servira de modèle. Munis de la cassette, Nicotero et un chorégraphe travaillent avec les figurants par groupes de vingt.

Le premier objectif donné aux figurants est d'aller d'un bout de la pièce à un autre en interprétant les zombies à leur manière. Nicotero choisit ceux qui s'en sortent le mieux, et leur donne des suggestions pour améliorer leur personnage. « Plutôt que de leur montrer, on essayait toujours de les diriger vers ce qui rendrait bien », dit-il. « On a trouvé quelques idées. Genre, on alignait des chaises et on leur disait «Allez, asseyez-vous. Vous êtes morts. À présent, réveillez-vous et bougez.» On mettait les chaises au milieu de la pièce et on regardait comment ils se déplaçaient. Au fur et à mesure, on s'améliorait pour trouver ceux qui étaient super, et ceux qui dégageaient la bonne apparence. Il y en a deux que j'ai adorés. »

Cette phase est particulièrement importante car Nicotero a appris une leçon capitale sur les figurants zombies : « Pour flinguer une scène de foule zombie, il n'y a rien de pire que deux ou trois figurants qui jouent mal leur rôle ». L'œil se dirige naturellement vers tout ce qui n'est pas raccord avec le reste. Du coup, dans une scène de rue très chorégraphiée, s'il y en a un qui force trop le trait, il va détourner l'attention de l'action.

« Un truc que je disais à l'école des zombies, c'est que "si je donne un surnom à votre zombie, c'est fichu", explique Nicotero. Un surnom signifie que l'acteur fait quelque chose de trop reconnaissable. Un zombie qui marche en faisant du bruit se fera surnommer le zombie "baisse d'un ton". Un zombie qui traîne les pieds se fera appeler le zombie "patin à glace" ».

Nicotero note les performances et travaille avec les responsables de la distribution des rôles pour trouver la bonne apparence. Finalement, il choisit personnellement les figurants zombies pour chaque scène. Ainsi, il sait précisément le genre de performance qu'il va obtenir.

« C'était très malin », souligne Darabont. « Nous avions un groupe de figurants et quand nous les mettions devant la caméra, nous n'obtenions pas le même résultat. Chacun avait sa personnalité propre. » Darabont ne parle pas seulement du pilote qu'il a réalisé. Il a été témoin de ce genre de moments lors du tournage de chaque épisode de la série. Chaque réalisateur différent a pu recréer de tels moments, mais Darabont sait qui il doit remercier. « Tout ça, c'est grâce à l'école des zombies, vraiment », reconnaît-il. « Et à l'œil de Greg pour savoir ce qui fonctionne ou pas. Je le laisse décider pour moi parce qu'on vient du même endroit. Nos cerveaux ont les mêmes racines de *geeks.* »

CI-DESSUS : Une des nombreuses scènes de mise à mort réalisées par l'équipe de production.

[.../...] Cette méthode est largement utilisée dans le pilote et pour l'attaque du campement par les zombies dans l'épisode 4. Elle permet non seulement une préparation plus simple, mais elle a aussi l'avantage d'imprimer une direction au sang. Pour renforcer l'effet, l'équipe ajoute des billes de polystyrène dans le sang pour lui donner une apparence plus grumeleuse. Comme ça n'absorbe pas le liquide, ça reste assez léger pour exploser vers l'extérieur de façon spectaculaire.

Cependant, certaines scènes requièrent encore davantage de flexibilité dans les projections de sang. À plusieurs reprises, le service des effets spéciaux visuels intervient pour améliorer, voire créer la scène de la mise à mort. Par exemple, la scène d'ouverture du deuxième épisode met en scène Rick qui traverse la rue en abattant près d'une douzaine de Rôdeurs pour se frayer un chemin. Filmer une telle scène avec des effets physiques serait un trop grand défi de mise au point. Un caméraman ne peut pas saisir l'explosion de sang au bon moment, puis passer à la victime suivante, puis à la suivante, tandis que l'acteur Andrew Lincoln traverse la rue. Ajouter le sang plus tard permet une plus grande liberté de mouvement.

Malgré la méthode de Nicotero pour propulser le sang, l'équipe des effets visuels de Stargate Studios doit encore travailler à l'amélioration du résultat. Pour le sang, Sam Nicholson, PDG de Stargate et coordinateur des effets spéciaux, est d'accord avec Nicotero pour s'appuyer sur des effets physiques autant que possible. Mais tout le monde sait que ce n'est pas toujours la meilleure option. « Parfois, c'est trop liquide ou trop rouge ou trop ce que vous voulez », explique Nicholson. « Nous, on peut revenir dessus et l'améliorer. Le sang noir des zombies est finement réglé dans chaque épisode. C'est le même sang. Mais s'il attrape la lumière d'un projecteur, on l'estompe. S'il est trop rouge, on baisse le contraste. S'il ne part pas comme on veut ou s'il attire trop l'attention parce qu'il y en a trop, on en enlève. S'il en manque, on en rajoute. » Stargate a une impressionnante bibliothèque d'explosions de sang et de mouvements de liquide en 3D. Ils peuvent régler chaque goutte pour qu'elle tombe là où elle doit tomber à la fin de la scène.

Le sang numérique nécessite d'être bien réfléchi. Comme tout élément de la production, il raconte une histoire. Mais il doit également permettre à l'histoire globale de l'épisode de fonctionner par elle-même. Aussi, l'équipe des effets visuels doit-elle savoir jusqu'où aller avec un effet, et à quel moment s'arrêter.

« Si on en rajoute trop, ça vole la vedette à l'action elle-même », explique Nicholson. « Si les effets visuels court-circuitent l'action, c'est qu'on n'a pas fait notre travail correctement. On doit être invisibles. Les effets spéciaux sont le cadre autour du tableau – pas le tableau. Ça arrive souvent avec les effets visuels. C'est comme un gâteau sur lequel il y aurait trop de glaçage. Il faut qu'il y ait la bonne quantité pour que ça marche. »

Ce n'est pas parce que la tâche doit être calibrée avec précision qu'on ne peut pas s'amuser. Le superviseur des effets spéciaux Jason Sperling lisait les *comics* avant même que le studio commence à travailler sur la production. Il s'enthousiasme à l'idée de créer une variété d'effets qui permettront de retranscrire la BD à l'écran. « Ce qui me plaît dans *Walking Dead*, ce sont les balles dans la tête et les mises à mort », dit-il. « Je sais que ce que les fans de zombie préfèrent, c'est une bonne exécution de zombie. Je crois qu'on a innové pour pratiquement chaque zombie qui s'est fait tuer. »

L'enthousiasme de Sperling pour ces scènes n'a rien à voir avec une quelconque soif de sang. Il apprécie surtout l'opportunité de prendre ce qui est mis en scène et de le rendre encore plus impressionnant. L'un de ses moments préférés de la première saison se déroule en un clin d'œil. Sperling explique : « Quand ils s'enfuient du CDC et que Daryl s'en prend à un zombie à coup de hache. Au départ, c'est juste censé être un truc genre, «un coup à la tête et le zombie tombe». Mais on a pu lui trancher complètement la tête et la faire rouler sur le sol. C'est un pur instant de tuerie. Nos artistes ont vraiment relevé le défi de rendre chaque exécution suffisamment unique pour que je ne me lasse pas de voir mourir des zombies. »

« À mon avis, on n'a couvert qu'une portion de l'alphabet. Et on doit encore le parcourir de A à Z », ajoute Nicholson. « Il y a bien des façons de tuer un zombie. »

CI-CONTRE : Alors que la série continue, les scénaristes, réalisateurs, et spécialistes des effets spéciaux vont devoir aller encore plus loin pour imaginer des mises à mort de zombies encore plus spectaculaires.

CHAPITRE QUATRE

PEUPLER LE MONDE DE *WALKING DEAD*

Si les zombies sont peut-être la raison qui pousse les gens à essayer *Walking Dead*, ce sont les personnages qui les convainquent de rester. Les lecteurs et les téléspectateurs sont les témoins d'un monde dépouillé des attributs de notre culture consumériste. Où chaque jour, les survivants de cette mystérieuse épidémie doivent répondre à des questions de vie ou de mort en pleine tourmente émotionnelle. « L'attention est vraiment dirigée vers ce groupe de personnages », remarque Frank Darabont. « Ce sont des histoires adultes, difficiles, dans lesquelles je m'implique beaucoup. Les zombies, c'est la cerise sur le gâteau. Le plat principal, cela reste ces personnages dans lesquels on s'investit beaucoup. »

Walking Dead est une série chorale centrée sur le personnage pivot qu'est Rick Grimes. Dans les comics, on découvre un monde post-apocalyptique à travers ses yeux, à mesure que son rôle de shérif adjoint d'une petite ville évolue de façon spectaculaire. Au départ, il est convaincu que quiconque commet un meurtre doit être puni de mort. Par la suite, il n'hésite pas à assassiner lui-même quelqu'un pour assurer la sécurité de sa famille et de son groupe.

Pour adapter ce personnage et son histoire à l'écran, la production – et tout particulièrement Robert Kirkman – a dû prendre du recul pour examiner Rick au début de son voyage. « Dans la série TV, Rick ressemble beaucoup au Rick de la première douzaine d'épisodes [du *comic book*] », explique Kirkman. « Il essaie encore de trouver sa voie et de comprendre comment fonctionne ce monde. Il est toujours fondamentalement bon. Au contraire, le Rick des *comics* contemporains a laissé le monde le pervertir. Il prend des décisions risquées. Il est prêt à tout pour protéger les siens et son fils. Pour ce faire, il prend souvent de mauvaises décisions. C'est un personnage très différent. »

Lorsqu'il écrit le quatrième épisode de la première saison, « Le Gang », ces deux versions bien distinctes de Rick Grimes présentent un défi pour Kirkman. Dans cette histoire, Rick, T-Dog et Daryl capturent un des membres du gang qui retient Glenn en otage. Daryl est prêt à tout pour soutirer des informations à leur prisonnier, même à le torturer. Rick ne peut accepter cela, dans cet épisode. « Plusieurs fois, je me suis retrouvé à dire "Ouais, bien sûr que Rick agirait comme ça" », raconte Kirkman. « Mais je réfléchissais et je me disais "Non, Rick n'abattrait pas cet homme. Le Rick de la télé n'en est pas encore arrivé à ce point. Là, tu écris le Rick des *comics*. Calme-toi. Lui, c'est le gentil Rick". J'étais tout le temps obligé de faire attention à ça, quand j'écrivais pour la série télé. »

CI-DESSUS : Dans son uniforme de shérif façon cowboy, Rick Grimes représente l'archétype du représentant de la Loi dans une situation qui dépasse de loin sa formation.

PAGE PRÉCÉDENTE : Même si *The Walking Dead* bénéficie d'une bonne distribution des rôles, une grande part de la série repose sur les épaules du shérif adjoint Rick Grimes, interprété par Andrew Lincoln.

Les qualités qui font de Rick un héros charismatique au début de la série rendront sa déchéance potentielle encore plus spectaculaire. Ce n'est pas par hasard s'il est shérif adjoint. L'uniforme qu'il porte rappelle constamment qu'il est la Loi. Dans la BD et dans la série TV, il reprend à Shane le rôle de chef assez rapidement. Il n'est peut-être qu'adjoint dans une petite ville, mais c'est vers lui que tout le monde se tourne. Dans le *comic book*, le moment où il confie son chapeau de shérif à son fils est loin d'être anodin.

~~RICK~~ UNIFORME DE SHERIFF

SC 1;2;3 → 47-105

* (8) GILET PARE-BALLE
Voir description page ci-contre

* (9) veste marron
avec badge sur les manches

(1) SOUS-VÊTEMENT : CALVIN KLEIN (M/M)

T-Shirt BLANC : Manches courtes

(2) CHEMISE DE L'UNIFORME : Représentant de la loi — taille medium (15) - (15½)

COULEUR BEIGE + ÉPAULETTES : Manches courtes GABF
→ BADGE DE SHERIFF COUSU SUR LA MANCHE (sur le haut)

(3) PANTALON DE L'UNIFORME : FLYING CROSS (32REG)

MARRON FONCÉ & BEIGE — Bandes verticales latérales

(4) CEINTURE 0100701/010 (34/35)

Cuir NOIR (Pour droitier)

(5) CHAUSSURES : Justin STYLE 2222 (10½)

MARRON - BOTTES DE "COW-BOY"

(7) Chaussettes blanches

(6) CHAPEAU : STETSON taille (7¼)
4' BRIM 22 CHOCOLAT

ACORN-GOLD
GOLD HAT CAMPAIGN CORD WITH ACORNS
4 69028 42901 7

MARRON FONCÉ avec cordelette double dorée & glands (dorés)

PRÉVOIR MODÈLE AVEC PERFORATION pour y attacher l'étoile de sheriff

Tout comme lorsque le groupe échange ses vieux vêtements contre des uniformes de prisonnier, plus loin dans l'histoire.

Ce sont les nombreuses qualités de Rick qui séduisent d'abord Darabont. « J'adore Rick Grimes », s'exclame le producteur. « C'est mon genre de héros préféré. C'est le genre de mec qui essaie toujours de faire ce qui est juste, même quand les circonstances sont contre lui, et même quand faire ce qui est juste tourne mal. Ce qui est juste, peut vous péter à la figure. Mais la volonté d'une personne comme ça, qui essaie de rester intègre – même dans une situation désespérée – me plaît vraiment beaucoup. »

CI-DESSUS : Andrew Lincoln interprète une version de Rick Grimes très proche du Rick des premiers épisodes du *comic book*.

En tant que scénariste, Darabont aime bien insinuer des fêlures dans ses personnages. « Il faut de la complexité et de la profondeur », dit-il. « Il faut voir le côté obscur de quelqu'un avant de pouvoir le comprendre, voire l'aimer. Ainsi, Rick est un personnage très complexe. La longue aventure que Robert Kirkman lui fait traverser le déconstruit complètement. »

Sharon Bialy et Sherry Thomas, les directrices du casting, ont la rude tâche de sélectionner un acteur qui pourra incarner un personnage aussi noble dès le départ, avant que les scénaristes ne le passent à l'essoreuse. Comme l'explique Bialy, « il nous fallait quelqu'un pour interpréter un héros droit et honnête, qui n'aurait pas les défauts classiques d'un héros. Très moral. Et je crois que les producteurs ne voulaient pas d'un acteur d'une autre série, qu'on reconnaîtrait. On devait créer ce personnage et lui donner vie à partir de la BD. Il nous fallait aussi un acteur capable de soutenir la série, d'en être le personnage principal. Pas évident. »

La décision d'embaucher un acteur inconnu des téléspectateurs américains provient de la chaîne elle-même. « Ils recherchent des acteurs, pas des vedettes », dit Bialy à propos d'AMC. « Cela nous a simplifié la vie parce qu'ils préfèrent les meilleurs acteurs. Ils ont accepté certains de nos choix qui auraient été refusés par d'autres réseaux. »

Bien que Bialy et Thomas auditionnent de nombreux acteurs locaux pour ce rôle fondamentalement américain, elles traversent l'Atlantique sur la fin du casting pour trouver le Rick Grimes idéal. Si Andrew Lincoln n'est certainement pas inconnu des cinéphiles (qui l'ont vu dans *Love Actually*), les directrices du casting se disent que les téléspectateurs américains ne l'ont pas forcément en mémoire. Elles contactent son agent à Londres, et Lincoln enregistre lui-même son audition depuis son appartement, avant de la leur adresser. Les directrices le trouvent parfait pour le rôle. Hélas, en tant que père d'un enfant en bas âge, il ignore s'il pourra accepter le rôle.

« On a vraiment insisté pour qu'il accepte », reconnaît Thomas. Elles le convainquent de se rendre à Los Angeles pour un essai à l'écran avec Jon Bernthal (Shane), qui sera finalement tourné dans le garage de Darabont. « Je tenais la lumière, et Sherry, le micro », raconte Bialy. « Il y avait un ingénieur du son, mais on n'avait pas assez d'argent pour faire un essai complet comme nous l'avions fait au début. Du coup, nous avons tout fait dans le garage de Frank. »

Darabont assied les deux acteurs dans une Passat en guise de voiture de police et tourne une scène où ils doivent discuter. « J'ai vu tout de suite que ça serait lui », dit-il. « Il avait la carrure. Il avait cette qualité ineffable qui vous donne envie de savoir ce qu'il pense. Avec une grande présence à l'écran. Un peu de mystère. On veut savoir ce qui lui passe par la tête. Il vous entraîne avec lui au lieu de tout vous dire. »

Bialy aussi est charmée. « Il fallait aussi qu'il ajuste son débit de parole à la manière dont Frank écrit », dit-elle, « et Andy a su faire ça d'instinct ».

Les acteurs se font confiance immédiatement et cette confiance crève l'écran. Jon Bernthal, qui a déjà été engagé pour le rôle de Shane, a participé à plusieurs essais avec différents partenaires. Les directrices notent que son attitude chaleureuse envers Lincoln va dans le bon sens. « Jon n'avait plus la pression », ajoute Thomas. « Il tenait le rôle. Il pouvait vraiment se consacrer à la scène, et permettre à Andrew de s'exprimer pleinement. »

AMC accepte, et Lincoln est embauché pour le rôle qu'il s'approprie très vite. « Il habitait vraiment le personnage », dit le producteur délégué

CI-DESSUS : Jon Bernthal interprète le violent Shane Walsh, qui a déjà survécu plus longtemps que son équivalent du *comic book*.

David Alpert. « C'est un acteur tellement doué. Il a saisi le rôle à bras-le-corps. Même sa posture change lorsqu'il entre dans le personnage. C'est étonnant. »

Le rôle principal est l'un des tout derniers à être attribué par les directrices du casting. Avec Rick Grimes, l'ultime pièce du puzzle est en place. C'est l'aboutissement d'un long processus, peu orthodoxe, balisé par l'enthousiasme de Frank Darabont. Comme l'explique Bialy, « Frank adore les acteurs, alors il préfère éviter d'être dans la même pièce qu'eux, la première fois, parce que, sinon, il aime tout le monde. Il a besoin de prendre du recul. Il préfère regarder les auditions sur un grand écran pour mieux se concentrer. »

À Hollywood, les acteurs préfèrent auditionner lorsque les producteurs et les réalisateurs sont dans la salle. Les vedettes ne se déplacent pas seulement pour rencontrer les directeurs de casting. Mais le choix de Darabont de voir tout le monde à l'écran permet de restreindre le nombre d'acteurs à ceux qui sont suffisamment intéressés

CI-DESSUS : Alors qu'elle lutte pour élever son fils dans ce monde post-apocalyptique, Lori, interprétée par Sarah Wayne Callies, est déchirée entre deux hommes.

pour envisager de faire quelque chose qu'ils ne font pas en temps normal.

« Dans cette situation », explique Bialy, « de nombreux acteurs ont dû se déplacer pour la directrice du casting, ce qu'ils n'avaient peut-être pas fait depuis longtemps. Tous les acteurs qui ont été engagés ont dû ravaler leur fierté et ont joué le jeu parce qu'ils aimaient vraiment le projet. C'est peut-être une des raisons pour lesquelles ça a marché. Nous avons passé beaucoup de temps avec chaque acteur. Souvent, dans le monde de la télévision, ça se passe très vite. Vous arrivez, vous repartez. Mais Sherry et moi, on consacrait une demi-heure ou trois quarts d'heure à chaque acteur. »

Une actrice comme Sarah Wayne Callies, qui a joué le premier rôle féminin de la série populaire *Prison Break*, n'a pas l'habitude de se déplacer pour rencontrer les directeurs de casting. Mais la série n'en sera que meilleure. Alpert ajoute : « On ne pouvait pas trouver une actrice plus aimable et plus talentueuse. Elle fait preuve d'intelligence et d'empathie dans la vraie vie, ce qui renforce sa présence à l'écran. »

Alpert pense que ces traits sont importants pour l'actrice qui interprète Lori Grimes. Selon lui, « elle a commis l'une des pires trahisons possibles – même si on peut la comprendre, étant données les circonstances. Mais ce qui est fou, c'est qu'on l'aime quand même. Et c'est dur. On la voit coucher avec Shane et on l'aime quand même, parce qu'elle nous permet de comprendre. Vraiment. »

Lori Grimes est le sommet du triangle amoureux Rick-Lori-Shane. Mais plus encore, elle et son fils sont la motivation de presque toutes les actions entreprises par ces deux hommes. Cependant, son personnage se doit d'être fort pour éviter de n'être qu'une simple « demoiselle en détresse ». Il est capital qu'elle puisse se défendre contre les zombies, voire même contre Shane. Elle tient bon et se bat pour ses convictions tout au long des six premiers épisodes, jusqu'à ce qu'elle soit sûre que son point de vue ait été entendu.

Tous les personnages du *comic book* de Kirkman traversent des expériences traumatisantes qui les affectent profondément. Mais au bout d'un moment, le point focal de la BD se déplace de Rick vers son fils. Le parcours de Carl est déchirant. Quoi que fasse Rick pour le protéger, Carl sera profondément marqué par le monde dans lequel il va grandir. Il abat Shane pour protéger son père. Il entreprend d'autres mesures de protection très violentes. Il porte fièrement le chapeau de son père, endossant un rôle de protecteur lorsque c'est nécessaire, avec de terribles conséquences.

RICK-LORI-SHANE

CI-DESSUS : La relation au cœur de cette histoire post-apocalyptique est un triangle amoureux dont Lori est le sommet.

Si la série TV *The Walking Dead* prend quelques libertés avec l'histoire de départ, elle développe également l'univers créé dans la BD. En extrapolant à partir de quelques pistes et de quelques personnages, elle permet à ses scénaristes d'explorer des idées complètement inédites. On s'en rend bien compte avec le triangle amoureux où Lori se retrouve prise entre Rick, son mari, et Shane, le meilleur ami de ce dernier.

Le triangle existe dans le *comic book* mais il se termine brutalement lorsque Shane meurt à la fin du sixième épisode. Dans la version du petit écran, Shane survit plus longtemps, puisqu'il accompagne les survivants qui quittent le camp. De nouvelles histoires pourront ainsi être imaginées par les scénaristes, dès la deuxième saison. « La série, dans une certaine mesure, amène quelques corrections que j'aurais souhaité apporter moi-même, avec le recul », déclare Robert Kirkman. « Parce que j'ignorais combien de temps allait durer la série, je tenais à densifier le récit autant que possible, aussi vite que possible, lors de ces premiers épisodes. »

« Alors que le triangle Rick-Lori-Shane aurait pu me servir de mine à idées pendant des années », regrette le scénariste, « je l'ai expédié en six épisodes et je suis passé à autre chose. Shane n'est pas très présent dans les *comics*. Mais c'est parce que je ne savais pas s'il y aurait un septième numéro. Je ne savais pas s'il y en aurait un dixième. Avec le recul, en sachant que j'aurais pu tenir longtemps, j'aurais peut-être fait durer tout ça. Avec la série TV, c'est justement ce qu'on fait. »

Rick : Tu sais ce qu'elle m'a dit, ce matin ? « Parfois, je me demande si t'en as quelque chose à foutre de nous. » Elle a sorti ça devant notre fils. Tu t'imagines, aller à l'école, après ça ? Moi, je vais te dire ce qui nous différencie des femmes. C'est que je ne lui balancerais jamais quelque chose d'aussi cruel. En tout cas, certainement pas devant Carl.

CI-DESSUS : Une bonne part de la tension de la série provient de l'opposition entre Shane et Rick pour la position de chef du camp, tout comme dans les premiers épisodes du *comic book*.

La première fois que Rick et Shane apparaissent ensemble à l'écran, on réalise leur potentiel narratif. La BD débute au milieu de la fusillade qui envoie Rick dans le coma. Le peu qu'on apprend sur Shane provient des flash-back de sa relation avec Lori, publiés après sa mort. En ouvrant la série TV sur Rick qui lui confie ses problèmes de couple, Darabont et l'équipe de scénaristes établissent le fait que, si son mariage bat de l'aile, ce n'est pas seulement à cause des zombies. C'est peut-être juste une dispute anodine comme en connaissent bien des couples mariés, mais les téléspectateurs peuvent se demander ce qui serait arrivé au mariage des Grimes si la fin du monde n'était pas intervenue.

Rick et Lori ont pour point commun de vouloir protéger les autres. La première fois que le public entend Lori et Shane discuter, l'épouse de Rick insiste pour placer des panneaux sur l'autoroute pour dire aux gens d'éviter la ville. Plus important encore, elle est prête à s'acquitter seule de cette tâche, ce qui renvoie à la volonté de Rick de retourner à Atlanta, non seulement pour récupérer ses armes et secourir Merle, mais aussi pour récupérer le talkie-walkie qui lui permettra de prévenir Morgan du danger. Dans le premier cas, Shane parvient à faire renoncer Lori en lui rappelant qu'elle doit rester au camp pour le bien de Carl. Ni elle ni Shane ne parviendront cependant à convaincre Rick de ne pas retourner en ville.

TOUT VA BIEN, MAINTENANT, CHÉRIE.
POLICE

Lori : La ferme. Ça suffit. Tu m'as menti. Rick n'est pas mort. Il est en vie et il m'a retrouvée.

Shane : C'est mon meilleur ami. Qu'est-ce que tu crois ? Que ça ne me fait pas plaisir, qu'il soit vivant ?

Lori : Comment tu as pu me faire ça ? Pourquoi tu m'as menti ? C'est toi qui m'as annoncé que mon mari était décédé.

La décision de Rick de retourner à Atlanta a des conséquences à long terme pour le campement, et elle donne à Lori l'opportunité d'établir les nouvelles limites de sa relation avec Shane, en l'absence de son mari. Cela en dit aussi beaucoup sur les trois personnages. « C'est un choix difficile à faire », dit Gale Anne Hurd. « Et ça montre vraiment comment fonctionne le triangle entre Rick, Lori et Shane. Ce n'est pas une décision que pourrait prendre Shane. Shane prétend qu'il ferait lui-même un meilleur mari ou un meilleur père que Rick. Qu'il ne compromettrait pas leur sécurité ou celle du groupe en prenant des risques. Et que justement, ils n'ont que peu de chance de réussir leur mission. »

Plus tard, dans les bois, Shane vise Rick avec son fusil, comme dans le *comic book*. Mais dans la BD, la confrontation est bien plus directe et Rick sait qu'il a des ennuis.

CI-DESSUS: Lori est souvent partagée entre se ranger du côté de son mari et être d'accord avec Shane. Ses décisions reposent plus souvent sur son statut de femme mariée que sur ses propres convictions.

La scène débouche sur la mort de Shane. Mais dans la série TV, Dale est témoin de ce que Shane prétend n'être qu'un accident. Il s'en sort vivant. La décision de le garder en vie va grandement affecter l'avenir de la série. « Il y a davantage d'histoires potentielles », explique Hurd. « Non seulement nous allons en apprendre plus sur Shane, mais nous allons également découvrir des choses sur Rick et Lori, sur leurs relations, sur le genre de père qu'est Rick pour Carl. Parfois, on a l'impression que Shane est plus à l'aise dans un rôle de père pour Carl que Rick lui-même. Shane est capable de lâcher la pression en emmenant Carl pêcher des grenouilles. On n'imagine pas Rick faire ça. Pourtant, on n'imagine pas non plus Rick être aussi brutal que Shane lorsqu'il tabasse Ed [après avoir vu ce dernier battre sa femme, Carol]. Shane a deux visages. Il peut être la personne la plus marrante du groupe, mais il a aussi un côté extrêmement violent. Aurait-il pressé la détente et abattu Rick dans les bois sans l'intervention de Dale ? »

CI-DESSUS : Les relations de Carl avec les hommes qui se battent pour le cœur de sa mère sont souvent source de tension entre les trois adultes.

Ce côté obscur rejaillit encore lorsqu'il tente de violer Lori dans le CDC*. C'est encore une scène qui fait écho aux *comics*, avec Lori qui le griffe au visage. Dans la BD, elle réagit ainsi lorsque Shane décoche un coup de poing à son mari en public. Dans la série télévisée, elle agit ainsi pour se protéger mais garde le silence sur ce qu'il a essayé de faire.

« La dynamique entre Rick, Lori et Shane ne fait que se mettre en place », déclare Frank Darabont. « Les complications dans ce qui est fondamentalement un triangle amoureux sont en train d'émerger. On va bien se marrer en explorant tout ça dans la deuxième saison… Voilà ce que je veux dire quand je dis que c'est une série basée sur les personnages, et que c'est ce qui me plaît. Je suis vraiment enthousiaste à l'idée de revisiter les relations entre ces trois personnes. Pour moi, c'est ça, la deuxième saison. »

** Centre pour le contrôle et la prévention des maladies.*

Si la série TV veut rester fidèle à la richesse émotionnelle du personnage de Carl dans la BD, les directrices du casting ont besoin d'un acteur capable de relever le défi. Chandler Riggs est apparu dans un téléfilm produit par Gale Anne Hurd, *The Wronged Man*, dans lequel il joue le fils de Julia Ormond. Bien que les rôles soient très différents, Hurd reconnaît que le garçon a du talent. « C'est un acteur », dit-elle. « Ce n'est pas un "enfant acteur". C'est un véritable acteur. Ce qui est très impressionnant, c'est que même lorsqu'il est hors-champ, s'il y a une scène émouvante, il pleure. Même quand la caméra ne le filme pas et qu'il le sait, il reste dans son personnage et dans l'histoire. »

CI-DESSUS : Chandler Riggs, à propos de sa deuxième audition. « On a joué une scène tirée du *comic book* et je me suis dit que ça s'était bien passé. J'avais du mal à imaginer que j'allais tourner dans une série sympa avec des zombies ! »

Avec une confiance inhabituelle pour son âge, Riggs pense avoir cartonné à chaque étape de l'audition. « Beaucoup de gens me disent que je ressemble à Carl », souligne Riggs. « J'ai la même tête, j'agis comme lui, mais j'espère que je ne vais pas devenir dingue comme c'est le cas dans les *comics*. J'ai hâte de faire partie de l'histoire, en tout cas. Je sais qu'on est entre de bonnes mains avec nos scénaristes. »

Darabont et les scénaristes de la série vont pouvoir explorer en toute liberté le personnage de Shane Walsh. S'il n'apparaît que dans les six premiers numéros de la bande dessinée – avec quelques flash-back plus tard – son empreinte se ressent à travers les quarante-huit premiers épisodes. Son impact sur la relation entre Lori et Rick dure bien au-delà de sa mort et de sa brève résurrection. Mais au moment de lancer la série TV, ça n'est pas suffisant. Il est décidé que la première histoire n'aura pas la même conclusion que dans les *comics*, du moins dans l'immédiat, car Shane va survivre pour faire durer le triangle, et donner de l'élan à la narration. Ce faisant, les téléspectateurs apprennent à connaître un personnage dont ils n'ont eu qu'un bref aperçu dans la BD.

« Je crois que le Shane de la télé est un personnage très intéressant », dit Kirkman. Bien que de nombreuses actions du Shane de la série soient tirées du *comic book*, le scénariste apprécie tout ce que le personnage a dû abandonner pour protéger la famille de son meilleur ami, ainsi que sa culpabilité d'être tombé amoureux de la femme de son meilleur ami. « Il essaie toujours de bien faire mais ça tourne toujours mal pour lui », poursuit Kirkman. « Je crois qu'il y a en lui de nombreuses couches intéressantes à explorer. C'est super de pouvoir faire ça dans la série sans devoir coller à ce qui a été raconté dans le *comic book*. »

Jon Bernthal incarne les émotions conflictuelles – voire la violente agressivité – d'un personnage en plein doute personnel, au-delà des difficultés inhérentes à la survie dans un monde post-apocalyptique. « Jon Bernthal est un acteur incroyable », déclare Alpert. « Il apporte toute l'agressivité d'un mâle alpha frustré ».

Quand on regarde la distribution des rôles de *The Walking Dead*, on remarque vite la ressemblance entre bon nombre des acteurs et leur équivalent de papier. Dans un monde où les fans purs et durs scrutent le casting de chaque film et série TV, on a du mal à croire que cette similitude soit accidentelle. « Je me suis impliqué dans le processus de sélection des acteurs dès le début », dit Alpert. « Et tout mes choix sont intentionnels. On a vu une quantité de combinaisons pour Shane, Rick et Lori. Pour tout le monde. C'est marrant, parce que Steven [Yeun] ressemble tellement à Glenn que parfois, on l'appelle carrément comme ça. Il incarne tellement bien le rôle. »

Non seulement les directrices du casting ont trouvé un acteur qui ressemblait physiquement au personnage, mais ce dernier était déjà un lecteur de la BD, grâce à un ami qui lui avait transmis le virus quelques années auparavant. « Je me suis assis et j'ai lu les trois premiers recueils dans la librairie », se souvient Yeun. « Au début, je ne savais pas trop où ça allait me mener. Je me suis demandé pourquoi c'était en noir et blanc et je me suis dit “la vache, je vais m'ennuyer à mort”. Mais je tournais les pages et les enjeux devenaient de plus en plus importants. Je crois que je me suis mis à la série de Kirkman parce qu'elle est vraiment bien écrite. Elle fait monter la pression de plus en plus fort. C'est génial. » Yeun remarque qu'avoir un cadre de référence pour son personnage n'a été ni un avantage, ni un inconvénient lorsqu'il a accepté le rôle. Mais jusqu'à présent, Glenn est resté assez proche de son modèle des *comics*.

CI-DESSUS : Les protagonistes de *The Walking Dead*.

CI-DESSUS : Steven Yeun à propos de sa deuxième audition : « Je suis entré dans le bureau [de Darabont] et j'ai joué la scène juste devant lui. Pas de costard-cravate, pas de foule, pas d'amphithéâtre. Rien que Frank, sa caméra et deux autres acteurs. C'était énorme. Après, je me souviens avoir reçu « le coup de fil » dans ma voiture, alors que je me rendais à une audition pour une pub. Je me suis garé et j'ai hurlé de joie. » (Photos : Steven Yeun, Laurie Holden et Jeffrey DeMunn)

« Glenn n'a pas conscience de sa vraie valeur pour le groupe », explique Hurd. « Peut-être parce qu'avant l'apocalypse zombie, il était livreur de pizza, c'est-à-dire pas très haut dans l'échelle économique ou sociale. Mais en même temps, quand on le rencontre, il est de loin le survivant le plus doué. C'est lui qui, seul, entre dans la ville et en ressort vivant avec des provisions. C'est quelqu'un qui fait ce qui est juste et les gens lui font confiance. Dans ce monde post-apocalyptique, il est l'une des rares personnes à avoir encore le sens de l'humour. Il parvient encore à déceler l'ironie des autres gens et du monde en général. »

Si tous les acteurs ne sont pas des répliques exactes des protagonistes de la BD, la ressemblance de certains permet à AMC de créer des visuels connectant les dessins des personnages du *comic book* aux photos de leurs équivalents TV. Le montage, révélé lors de la convention de San Diego, met l'accent sur le fait que, si la série peut s'écarter de la BD, elle reste fondamentalement fidèle aux *comics* et aux personnages que les fans apprécient déjà.

Au moment d'attribuer le rôle de Morgan Jones, la première personne vivante que Rick rencontre en sortant de l'hôpital, les directrices savent qu'un seul homme peut relever le défi : Lennie James. « On l'adore », déclare Thomas. « On l'adore vraiment. C'est nous qui l'avons mis dans sa première série quand il est arrivé en ville. Et on l'a mis dans sa série suivante. Quand on a vu ça, on a dit à Frank qu'on avait l'acteur qu'il lui fallait. C'est la première personne qu'on a engagée. Le premier rôle qu'on a montré à Frank. Et Frank était complètement d'accord. »

Bialy reconnaît vite que James est le parfait exemple de la nature inhabituelle du casting. Dans d'autres circonstances, James n'aurait jamais auditionné pour des directrices de casting l'ayant déjà placé sur deux autres rôles. Elles l'auraient fait venir directement devant les producteurs. C'est très révélateur qu'un acteur bien établi comme lui, accepte sans rechigner de venir pour être filmé.

« Lennie n'a pas d'ego mal placé », dit Bialy. « Il est venu. Il a auditionné. Frank n'était pas dans la salle. C'était ça, le plus intéressant dans le processus de sélection. Peut-être certains acteurs ont-ils manqué une bonne opportunité en raison des habitudes de la télévision. Il fallait qu'ils soient prêts à y renoncer. Qu'ils regardent le matériel et se disent “Je vais faire ce que j'ai à faire”. »

Mais James n'est pas la seule personne intéressée par le rôle de Morgan Jones. De nombreux acteurs étaient prêts à auditionner pour le rôle. « Sherry et moi pensions que c'était probablement l'un des meilleurs rôles pour un Afro-Américain depuis longtemps », dit Bialy. « Nous étions submergées par les acteurs qui voulaient le rôle, alors nous avons continué à voir des gens. Mais Frank avait craqué pour Lennie dès le départ. »

Les directrices du casting ne sont pas les seules à avoir certaines personnes en tête pour la série. Il est de notoriété publique que Darabont a un répertoire d'acteurs officieux au sein duquel il puise pour attribuer des rôles dans ses projets. En l'occurrence, il avait des rôles en tête pour Jeffrey DeMunn, Laurie Holden et Melissa McBride.

« Il y a une raison pour laquelle je travaille souvent avec les mêmes personnes », explique Darabont. « Le talent est certes un facteur important, mais il y a aussi le plaisir de travailler avec de tels collaborateurs qui fait que parfois, je recherche quels rôles je peux donner à ces gens qui ont tant apporté à mes anciens projets. Je me dis “Alors, quel rôle ira à Jeff DeMunn ? Et à Laurie Holden ?” Dans ce cas, c'était évident de leur attribuer un rôle parce qu'elle est l'Andrea idéale, et lui, le Dale idéal. »

Darabont est loin d'attribuer des rôles au hasard. « Il sait ce qu'il veut », dit Thomas. « Il n'a pas insisté pour caser une dizaine d'acteurs qu'il avait déjà dirigés. Ses choix s'étaient spécifiquement portés sur les trois qui correspondaient bien à l'univers. Si ça ne fonctionne pas, il n'essaie pas de les forcer dans le rôle. » Bialy corrobore les dires de sa partenaire : c'est autant une question d'œuvre que de relations personnelles. « Jeffrey est un acteur formidable. Ce n'est pas comme s'il voulait nous imposer son frère », ajoute-t-elle. « Les gens de son répertoire officieux sont très talentueux. »

DeMunn joue dans *Mort d'un commis voyageur* à Dallas lorsqu'il reçoit un coup de téléphone de Darabont, qui lui propose de venir tuer des zombies à Atlanta. « Je ne connaissais absolument pas la BD », avoue DeMunn. « Je ne savais rien de la série ou des autres comédiens. Je n'étais au courant de rien. Mais si un grand chef cuisinier lance “Hé, tu viens manger chez moi, vendredi ?” Dans ces cas-là, on ne répond pas “Mouais… c'est quoi le menu ? Comment tu vas le faire cuire ?” »

ÉPISODE 3 : « LES GRENOUILLES »

Script de Charles H. Eglee & Jack LoGiudice et Frank Darabont.
Histoire de Charles H. Eglee & Jack LoGiudice.
Réalisé par Gwyneth Horder-Payton.

Carl : Tu te rends compte, un peu… Tout ce qui lui est arrivé ? Pourtant, il est pas mort.

SYNOPSIS: Tandis que Merle lutte pour se libérer de ses menottes sur un toit sur le point d'être envahi par les morts-vivants, les autres survivants rentrent au camp. Tout le monde est content de revenir sain et sauf, mais ça n'a rien de comparable avec l'émouvante réunion qui a lieu lorsque Rick découvre que Lori et Carl sont dans le groupe. Si Shane est heureux de retrouver son ami en vie, il s'inquiète des conséquences que cela aura sur sa relation avec Lori. Autour d'un feu de camp Rick raconte au groupe l'histoire de son réveil dans l'hôpital abandonné. Lori explique qu'on lui a

dit que les patients seraient évacués à Atlanta. Rick comprend la situation et ne lui reproche rien, pas plus qu'à Shane. Il n'éprouve que de la gratitude envers l'ami qui a protégé sa famille.

Un autre campeur, Ed Pelletier, ajoute une grosse bûche dans le feu, mais Shane lui demande d'éviter les flammes hautes pour ne pas attirer l'attention. Au camp, c'est Shane qui a endossé le rôle du chef. Il ôte la bûche du feu devant Carol et Sophia, respectivement épouse et fille d'Ed.

La famille Grimes se retire dans sa tente et Lori s'excuse encore, sans préciser l'étendue de ses regrets. Rick considère la situation comme une deuxième chance donnée à son mariage, et Lori lui rend son alliance. Ils font l'amour dans leur tente, alors que Shane reste seul sous la pluie à monter la garde.

Le lendemain matin, la voiture volée de Glenn est dépouillée de ses pièces détachées et de son essence, tandis qu'une partie du groupe s'attelle à ses tâches d'intérêt général. Rick ne peut s'empêcher de penser à Merle et veut retourner le chercher. Les cris de Carl et Sophia mettent fin à sa conversation avec Lori à ce propos. Les enfants sont tombés sur un Rôdeur en train de dévorer un cerf mort dans les bois.

PSST

C'est la première créature à s'aventurer aussi loin de la ville. Les hommes abattent le zombie qui festoyait sur le gibier de Daryl Dixon.

Daryl tolère mal les nouvelles à propos de son frère. T-Dog endosse la responsabilité de ce qui s'est passé. Il explique qu'il a cadenassé la porte du toit derrière lui et que Merle est peut-être encore en vie. Daryl exige de savoir où est son frère, mais Lori l'interrompt pour lui dire que c'est inutile. Elle regarde son mari au moment où il annonce qu'il va retourner là-bas.

Shane tente de convaincre Rick de rester pour protéger le camp, mais ce dernier n'y va pas seulement pour Merle. Son sac est resté dans une rue d'Atlanta avec armes, munitions et talkie-walkie. Sans ça, il ne pourra pas prévenir Morgan et Duane de ne pas entrer dans Atlanta. Rick et Daryl retournent en ville avec T-Dog et Glenn pour récupérer les fusils et trouver Merle.

Shane essaie de parler à Lori de leur relation, mais elle lui coupe le sifflet en lui reprochant d'avoir menti à propos de la mort de Rick. Lorsqu'il voit Ed frapper sa femme, Shane bondit pour la défendre et passe ce dernier à tabac pour évacuer sa frustration.

À Atlanta, Merle n'est plus sur le toit où on l'avait laissé. Il ne reste que les menottes, une scie et sa main.

L'acteur accepte immédiatement la proposition, mais pas seulement parce qu'il apprécie la compagnie de Darabont. « Il a toujours des histoires passionnantes », déclare DeMunn. « Il embauche toujours des gens de qualité, des gens sympas avec qui c'est plaisant de travailler. Et puis, on est amis. Le courant passe toujours bien avec quelqu'un avec qui on a travaillé plusieurs fois, avec qui on n'a même pas besoin de terminer ses phrases. Quand il me dit quelque chose, je comprends tout de suite. Et de son côté aussi. C'est réciproque. »

Ce n'est pas parce que le réalisateur a envie de travailler avec des acteurs qu'il connaît bien, que ceux-ci ont forcément le rôle. AMC, comme toute chaîne de télévision, doit approuver le casting. Pour convaincre la chaîne que DeMunn doit jouer le rôle de Dale, Bialy et Thomas se servent de leurs images de références. « On savait que Frank voulait Jeffrey DeMunn pour le rôle », dit Bialy. « Et il ressemblait tellement au personnage de la bande dessinée qu'on a collé des photos de l'acteur à côté d'extraits du *comic book* et qu'on a envoyé le tout à la chaîne pour leur montrer à quel point il correspondait bien. » Elles feront de même pour d'autres rôles lorsqu'elles découvriront que, par coïncidence, plusieurs de leurs choix d'acteurs présentent d'incroyables similitudes avec les protagonistes de la BD.

Un des avantages de travailler avec l'écurie officieuse de Darabont est que ce sont des gens qui ont l'habitude de travailler ensemble. Même si on embauche des acteurs pour qu'ils tissent des liens, aussi avec des étrangers, le fait que DeMunn ait déjà tourné avec Holden est très profitable quand on connaît l'avenir des rapports de Dale et Andrea dans les *comics*. On repère des indices de cette relation dès la première saison de la série. C'est un élément important pour les deux personnages, notamment après la mort d'Amy, la sœur d'Andrea, interprétée par Emma Bell. Bien que chaque personnage de la série ait souffert de la perte d'un proche, Dale et Andrea sont particulièrement touchés par sa mort et trouvent du réconfort l'un auprès de l'autre.

Dans son traitement de l'amitié entre Dale et les deux jeunes femmes, DeMunn puise ses motivations dans le script autant que dans les planches de la BD. Dans le *comic book*, lorsque Dale rencontre Andrea et Amy, il porte encore le deuil de son épouse. « Je suis parti du fait qu'il venait de perdre sa compagne », explique DeMunn. « Il a perdu la personne avec laquelle il partageait un bonheur parfait depuis des années et des années. Lorsqu'elle lui est arrachée, littéralement, sa vie se termine. Puis, en raison des circonstances et du fait qu'il se retrouve en position d'aider deux personnes, sa vie redémarre. »

Pour autant, Dale n'est pas laissé indemne par ce nouvel ordre mondial. « Je suis plus ou moins parti de là. », poursuit DeMunn. « Ce sont les deux personnes qui l'ont ramené dans le monde, mais Dale a changé. Il n'a plus rien à perdre. Il a vécu sa vie. Sa vie a pris fin. Et maintenant, dans un certain sens, il est devenu plus courageux, voire téméraire. “Qu'est-ce que vous allez faire ? Me tuer ? M'enlever ma femme ?” Il a déjà vécu le pire et il a survécu. Ça l'a rendu plus fort. »

Le trio Dale-Andrea-Amy est tiré des pages de la BD et reste plutôt fidèle au matériel de départ. La différence d'âge entre Andrea et Amy

CI-DESSUS : C'est un sous-entendu dans une bulle de dialogue de la page 13 du cinquième épisode qui a inspiré Ed, son mari violent de la première saison.

est plus grande à l'écran, et l'épouse de Dale meurt dans des circonstances différentes dans les *comics*, mais leur évolution émotionnelle est similaire sur les deux supports.

Par ailleurs, un protagoniste et ses péripéties qui sont propres à la série TV ont également trouvé leur origine dans les *comics*. Carol et Sophia sont des personnages à part entière de la BD. Bien que Melissa McBride ne corresponde pas à son équivalent de papier aussi bien que bon nombre de ses collègues, la Carol de la série TV éprouve néanmoins des émotions similaires à son modèle.

Le mari de Carol est déjà mort lorsqu'on la rencontre dans le *comic book*, victime de l'invasion des morts-vivants. Mais dans le cinquième épisode, elle fait référence à un éventuel côté sombre de leur relation. On n'en reparle plus dans la BD, mais Darabont et les autres scénaristes TV se saisissent de cette miette et s'en servent pour emmener son mari, Ed, dans l'histoire. Carol a un impact émotionnel plus fort car les téléspectateurs peuvent la voir assister à la mort de ce dernier.

« Melissa McBride est une actrice fantastique », déclare Hurd. « Elle a déjà travaillé avec Frank sur *The Mist*. Il savait qu'en étoffant son personnage à partir de la BD, il pourrait lui donner des moments poignants et dramatiques, car c'est le genre d'actrice capable d'assurer ce genre de scènes. Il est clair que c'est une femme battue qui fait tout ce qu'elle peut pour protéger sa fille. Elle a une espèce de force tranquille. Lorsque Shane tabasse Ed, elle souffre des conflits qui tourmentent typiquement les femmes battues. Elle voudrait que ça s'arrête, mais ça fait tellement partie de son quotidien... »

Pour en finir avec les personnages tirés du *comic book*, les producteurs trouvent – toujours par chance – un autre acteur qui correspond

CI-DESSUS : Dans la série TV, l'histoire de Jim fait écho à celle de son équivalent BD.

parfaitement à son équivalent BD. Là encore, les directrices du casting fabriquent un montage pour convaincre AMC qu'Andrew Rothenberg est le meilleur choix pour Jim, l'homme qui est hanté par la perte de toute sa famille. Il s'agit encore d'une ligne d'histoire tirée directement de la bande dessinée, même si elle a été gonflée avec le rêve prémonitoire qui pousse Jim à creuser des tombes.

L'ajout de personnages comme la famille Morales, Jacqui et T-Dog amène non seulement une certaine diversité à la distribution, mais également une nouvelle dynamique aux relations interpersonnelles déjà connues des lecteurs. Le Dr Jenner (Noah Emmerich), le gang de « Vatos » et les gens du quatrième âge offrent de nouvelles opportunités narratives aux scénaristes. En même temps, le casting des *comics* subit une cure d'amaigrissement. Allen, Donna et leurs jumeaux sont expurgés de la série, même s'ils peuvent très bien arriver plus tard.

« Dès le départ », explique Hurd, « Frank et Robert se sont mis d'accord pour peupler la série de personnages tirés du *comic book* et d'autres entièrement inédits, ainsi que pour ne pas utiliser certains protagonistes de la BD. Il s'agissait avant tout de déterminer ceux qui rendaient le groupe le plus intéressant possible. On ne crée pas un personnage juste pour remplir. Il faut savoir ce qu'il apporte à la communauté. »

Deux des nouveaux personnages les plus intrigants sont les frères Merle et Daryl Dixon. La sous-intrigue de Merle est le premier gros écart par rapport au scénario du *comic book*. Sa disparition à la fin de l'épisode 3 laisse la porte ouverte à de futures histoires. De nombreux fans de la BD pensent que Merle pourrait plus tard endosser le rôle du cruel Gouverneur, mais Darabont a déclaré que ce serait peu plausible… Tout en laissant entendre que c'était une possibilité.

Joué par Norman Reedus, Daryl, le frère de Merle, semble fait du même bois, tout en paraissant plus civilisé. « J'ai adoré découvrir à quel point Daryl était un personnage intéressant », avoue Darabont. « Voilà un type que je ne m'attendais pas du tout à aimer. Ce n'est pas le genre de gars avec qui j'aurais envie de boire un verre, mais malgré sa drôle de mentalité, il a quand même un certain sens de l'honneur. Il faut qu'il fasse le tri dans sa tête, mais je l'aime bien. Si vous êtes réglo avec lui, il sera réglo avec vous. Je ne m'y attendais pas et ça me plaît. »

Parmi les nouveaux personnages qui apportent beaucoup à la série, il y a Jacqui, interprétée par Jeryl Precott. Bien qu'elle ne joue pas un rôle crucial lors de la première saison (jusqu'à la toute fin), son personnage est très populaire auprès des téléspectateurs et des producteurs, ce qui rendra l'accomplissement de son destin d'autant plus dur à accepter. « En tant que protagoniste, Jacqui a été inventée précisément pour que je puisse avoir quelqu'un pour rester avec Jenner à la fin », explique Darabont. « On a embauché Jeryl. Et malgré une courte présence à l'écran, on a adoré son personnage. C'est une actrice très talentueuse. »

Darabont se souvient de la pression qu'il a ressentie de la part de ses collaborateurs et de lui-même lorsqu'il a fallu abandonner Jacqui. « Personne ne voulait dire au revoir à Jeryl », reconnaît le producteur. « Je ne voulais pas lui dire au revoir non plus. Je n'ai pas vraiment eu l'occasion de travailler avec elle sur le tournage, mais elle jouait tellement bien que plus on approchait de la scène finale, plus je me sentais coupable. Je me suis dit "peut-être qu'on peut faire autrement ?" et finalement, je me suis repris. "Plus question de reculer". Si ce personnage existait, c'était pour une certaine raison. Son sort est au service de l'histoire. »

Darabont pense que ça aurait sonné creux si seul le Dr Jenner était resté assis à attendre l'autodestruction du CDC. Avec le recul, la scène valait ce sacrifice. « Maintenant, plus possible d'occulter cet élément », dit-il. « Moi, j'en serais incapable. Surtout étant données la grâce et la dignité avec lesquelles Jeryl a interprété la scène. L'instant où ils se serrent les mains, elle et Jenner. Noah Emmerich a été super, lui aussi. »

À partir de là, tout va devenir plus difficile pour Darabont. Si les scénaristes suivent l'exemple du *comic book*, la mort de Jacqui ne sera certainement pas la dernière. Rick Grimes va continuer à perdre des amis et à rencontrer de nouvelles personnes. De nouveaux comédiens vont rejoindre la série pour interpréter des personnages que les fans de la BD apprécient déjà. Peut-être y aura-t-il encore des rôles inédits. Pour Rick et les autres survivants, le voyage ne fait que commencer.

CI-DESSUS : La tragique histoire d'Allen, de Donna et de leurs jumeaux, Billy et Ben, est l'une des premières victimes de l'adaptation du *comic book* à la télévision.

EAGLE
SAFETY

CHAPITRE CINQ

ADAPTER LE STYLE GRAPHIQUE DE *WALKING DEAD*

« De temps en temps, on va voir les cadres d'AMC et on leur dit "Vous vous rendez compte qu'en fait, on tourne carrément un film, là ?" Et ils répondent "Ouais, on avait remarqué." On travaille chaque jour comme si on réalisait un film. Tout ce qu'on fait, on essaie de le faire avec la même qualité, même si on tourne très, très vite. »

Frank Darabont

Pour adapter *Walking Dead* à la télévision, les producteurs délégués recrutent leurs équipes d'artistes et de techniciens dans l'univers du cinéma, où ils ont accompli l'essentiel de leur carrière. Non seulement Frank Darabont préfère tourner avec ses acteurs fétiches, mais il embauche également les mêmes collaborateurs pour son équipe de tournage, de projet en projet. Ils sont aussi loyaux que talentueux, ce qui est nécessaire pour créer une série TV capable de retranscrire à la fois l'esprit des *comics*, et la vision de celui qui les porte à l'écran.

CI-DESSUS: De nombreux plans larges tels que celui-ci amplifient la solitude de Rick sur la route.

Pour l'épisode pilote, les producteurs font appel au talent de David Tattersall comme directeur de la photographie afin d'aider Darabont à établir le ton visuel de la série. Dans la pratique, le DP est le bras droit du réalisateur sur le tournage. Il est en charge de l'éclairage et de la gestion des caméras. Tattersall a travaillé à Hollywood pendant des décennies, notamment sur la prélogie de *La Guerre des étoiles* ou sur *La Ligne verte* et *The Majestic*. Il saute sur l'opportunité de travailler à nouveau avec le réalisateur. « Frank est un vrai metteur en scène », déclare Tattersall. « C'est un fan de narration à l'ancienne. Cinématique. Il ne laisse rien au hasard. Tout est réglé comme du papier à musique et il aime le cinéma. Il adore en parler. Il aime travailler avec la caméra. Il parle de la danse des acteurs avec la caméra. Il s'agit de manipuler le public en arrêtant l'action, en jouant sur les angles de vue et le montage. C'est un plaisir de travailler avec Frank. »

CI-DESSUS : Les hordes zombies qui emplissent les pages de la BD, comme sur cette double planche de l'épisode 59, sont un des éléments du *comic book* que l'équipe de production avait hâte de recréer.

CI-CONTRE : Le style graphique de Charlie Adlard s'appuie sur l'utilisation du noir dans l'encrage de la page. Il apporte une obscurité à la BD qui est difficile à égaler dans la série TV qui se déroule souvent pendant la journée.

PAGE PRÉCÉDENTE : Les plans du shérif adjoint, avançant seul, sont une image récurrente du pilote de la série.

Pour donner forme à sa vision pour le pilote, Darabont s'inspire naturellement du matériel à sa disposition. « J'aime le style dépouillé des dessins de Moore et d'Adlard dans la BD », dit-il. « D'une certaine façon, ça rejoint le côté dépouillé de *La Nuit des Morts Vivants*... Avec beaucoup de panache. Sans jamais en faire trop,

les dessins peuvent être très efficaces. J'ai essayé de m'inspirer autant que possible des illustrations de ces messieurs pour les porter à l'écran. »

« Les bandes dessinées font office de storyboard », remarque Tattersall. « Nous avons fidèlement reproduit certaines des images les plus iconiques. » On n'utilise pas toujours un storyboard dans les séries TV, souvent parce que les emplois du temps sont trop serrés pour les faire dessiner. Dans les limites de la télévision, avoir un guide visuel à disposition permet d'apporter une certaine qualité filmique à la série.

« Frank tenait vraiment à tourner ça comme un film de cinéma, sans devoir faire rentrer une séquence compliquée en un court laps de temps », explique Tattersall. « Il voulait pouvoir étirer les moments calmes. Je pense que ça participe à l'installation de cette impression cinématique. On a essentiellement tourné avec deux caméras. Parfois trois. On ne filmait pas n'importe quoi. On a eu la chance de pouvoir se préparer pendant deux semaines. Frank s'est rendu à plusieurs reprises sur les lieux du tournage, en repérage. On savait précisément où on mettait les pieds. Un style qu'on a essayé de conserver, c'est la caméra à la dérive, qui traîne. Ça participe à l'atmosphère angoissante. On n'a pas voulu les sursauts de la caméra au poing. »

En adaptant la BD noir et blanc à l'écran, Darabont et Tattersall se disent qu'un film en Super-16 rendra bien l'ambiance des dessins. David Boyd, qui endosse le rôle de directeur photo des épisodes 2 à 6, approuve entièrement cette décision. Lui aussi puise son inspiration

CI-DESSUS : Tandis que les comédiens avancent dans les rues dangereuses, la tension est soutenue par des plans silencieux et une caméra nonchalante.

dans les *comics*. « Toute la BD m'a influencé sur la photographie de *The Walking Dead* », déclare Boyd. « J'admire les choix qui ont été faits dans le *comic book* : le noir et blanc, la verticalité, les différents ratios des cases. Pour moi, il était important d'absorber d'abord les émotions véhiculées par les bouquins, puis de choisir les outils cinématographiques qui me permettraient de rendre justice à l'œuvre imprimée. J'aurais adoré voir le projet filmé en noir et blanc. Étant donné que la couleur était non négociable, nous avons choisi de tourner *The Walking Dead* en 16mm – avec sa résolution et son grain distinctif – afin de restituer au mieux l'aspect cru et sans concession de la bande dessinée. »

Les deux directeurs de la photographie s'accordent pour dire que le tournage en Super-16, notamment grâce à la légèreté et à la maniabilité des caméras, a beaucoup apporté à la production. « Je n'avais pas vu une équipe aussi satisfaite de son équipement depuis longtemps », remarque Boyd. « La préparation entre les plans, voire entre les prises, est beaucoup plus rapide qu'avec les caméras numériques. Le 16mm nous fait bien économiser deux heures par jour de production. Ce système de caméras nous permet de concentrer tous nos efforts sur l'histoire et sur le jeu des acteurs. Après tout, c'est pour cela que nous sommes là. »

Une des choses qui différencie *The Walking Dead* des films de zombies traditionnels, tient au fait que de nombreuses scènes se déroulent en plein jour. Aussi, les réalisateurs et les directeurs photo doivent-ils installer une ambiance sans utiliser l'obscurité, comme c'est souvent le cas dans le genre. C'est un défi que Boyd relève avec fierté. « Mon cœur s'envole à chaque fois qu'une stratégie de prise de vue s'avère payante », déclare-t-il. « J'adore l'idée que le jour peut faire peur aussi, quand il y a des zombies. C'est super de renverser l'ordre établi. »

Ayant œuvré sur plusieurs films d'horreur dans les années 80, comme *Re-Animator* ou *Aux Portes de l'au-delà*, Boyd a l'habitude d'installer des ambiances horrifiques, que ce soit de jour ou de nuit. « C'est une question d'angle et de hauteur », dit-il. « On s'attarde sur quelque chose un peu trop longtemps. Les caméras sont un peu nerveuses, comme lorsqu'on fait de la plongée sous-marine pendant la nuit. Après tout, nous ne sommes que quelques humains dans un océan de menaces. Nous sommes tous en fuite. »

Ces caméras voyageront beaucoup, notamment sur des décors recréant fidèlement certaines pages des *comics* grâce au talent des décorateurs, qui ont, pour certains, déjà collaboré avec Darabont. Les décors des trois premiers épisodes sont mis au point sous la direction du chef décorateur Greg Melton, qui a travaillé sur des séries aussi variées que *Private Practice* ou *Les Contes de la Crypte*, et qui est ami avec Darabont depuis l'adolescence.

Dès le pilote, Melton se voit confier un épisode qui respecte religieusement le matériel de départ dont il se sert comme d'un story-board, comme les directeurs photo. Le chef décorateur se dit que la meilleure façon d'obtenir le bon rendu est de se référer à ce qu'on lui a donné. « Pour mettre en image *Walking Dead*, on a la chance de pouvoir s'appuyer sur une narration graphique » ; explique Melton. « On peut voir tout le récit de la première saison et – bien sûr – on s'inspire de certaines images-clés. À commencer [.../...]

LA MUSIQUE DERRIÈRE LE GÉNÉRIQUE D'OUVERTURE

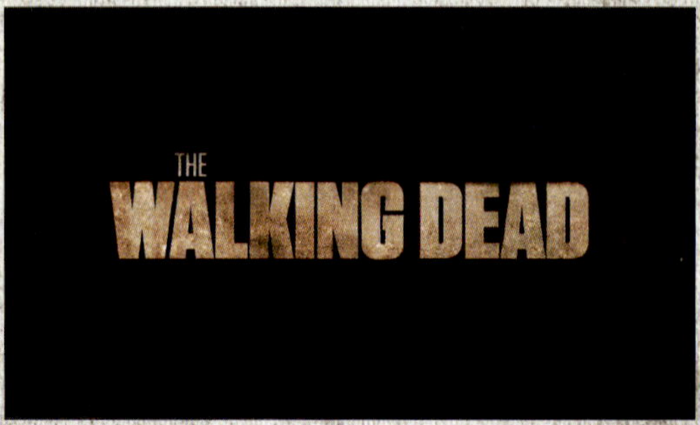

CI-DESSUS : Les images du générique d'ouverture mettent l'accent sur la désolation de ce monde post-apocalyptique, soulignée par l'intensité croissante de la musique qui l'accompagne.

Le générique d'ouverture d'une série télévisée ne sert pas qu'à indiquer le nom de ses comédiens et de ses producteurs. Il résume brièvement et aussi parfaitement que possible le ton de la série dans un montage visuel et sonore. De nos jours, de moins en moins de séries ont un générique long, préférant se jeter dans l'action de peur de perdre un public inattentif. Mais l'angoissant générique de *The Walking Dead* contribue à projeter les téléspectateurs dans les décors post-apocalyptiques de la série.

Les visuels du générique ont été créés par Kyle Cooper, de Prologue Films. Ils commencent par les rues désertes d'Atlanta, vides de toute vie humaine. Ça donne un ton dérangeant, et pose un fond puissant sur lequel s'appuyer. Par-dessus ces scènes de désolation, des photographies des personnages dans des cadres brisés, comme s'ils avaient été récupérés dans un vieux tas de ruine. Les autres images utilisent également des scènes tirées de la série, des plans coupés au montage, ou encore des séquences retouchées par la deuxième équipe. Elles annoncent une histoire qui va se concentrer sur des individus qui se battent pour conserver leur humanité après l'apocalypse zombie.

La bande son composée par Bear McCreary est angoissante et répétitive. Ce dernier a travaillé sur d'autres séries connues comme *Terminator : Les Chroniques de Sarah Connor* ou encore *Battlestar Galactica.* « Mon objectif avec ce générique était de créer une scène qui retranscrit le ton de la série », explique McCreary. « C'est ironique, mais la musique de la séquence d'ouverture est bien plus énergique que l'essentiel de ce que j'ai composé pour la série. On met en place une espèce de dichotomie où les images sont très statiques et la musique très remuante. Ce genre de morceau pourrait convenir à un montage syncopé, à une scène d'action dynamique. » En vérité, cette musique a été créée pour démarrer durant l'action de l'accroche de l'épisode, propulsant le public dans le générique, avant même que les images n'aient commencé à apparaître.

McCreary utilise la musique non seulement pour donner le ton de la série, mais aussi pour établir l'instrumentation qui va accompagner les épisodes. « Ce que vous entendez, c'est un petit ensemble à cordes de six ou huit personnes », dit-il. « On entend aussi des instruments de blues géorgien : guitare électrique, basse électrique, autoharpe, dulcimer et banjo électrique. Ce sont ces instruments qui donnent sa couleur à la bande son. On ne les entend qu'un petit peu. Le générique vous donne un avant-goût de tout ce que contient la bande son. C'est son ADN musical. »

L'autre objectif est de créer un thème mémorable qui marque le téléspectateur. « Tout le thème est bâti sur une séquence de croches », explique McCreary. « Elle se répète encore et encore. Sur un générique de trente secondes, on l'entend une douzaine de fois. Ça vous reste dans la tête comme un ver d'oreille, mais c'est très subtil. Je ne voulais pas que ça sonne comme un générique, mais on se laisse contaminer facilement. Comme une infection zombie, j'imagine. »

[.../...] par la façon dont Rick s'approche des gratte-ciel d'Atlanta. C'est une case si puissante dans la BD qu'elle a eu une grande influence sur mon travail. »

CI-DESSUS : Le département artistique travaille main dans la main avec l'équipe des effets visuels pour déterminer si les décors ont besoin d'être améliorés par ordinateur. Le but est de tout installer sur place en économisant le coût des effets numériques. Le décor de la station service est l'un des premiers pour lesquels des effets numériques sont envisagés. Finalement, tout sera fait sur place.

Ce modèle en BD sera moins nécessaire à partir du milieu de la première saison car la série s'éloigne de ce qui arrive dans les *comics*. C'est là qu'Alex Hajdu passe du poste de directeur artistique à celui de chef décorateur, lors de l'épisode 4. Les nouveaux décors de cet épisode lui confèrent une certaine liberté d'adaptation du matériel source. « J'ai fait exprès de ne pas m'inspirer des *comics* », explique-t-il. « Je ne voulais pas copier. Nous avons tenté de conserver l'esprit créé dans la bande dessinée en nous en servant comme point de départ. La seule chose que j'y ai puisée, c'est l'utilisation visuelle de l'espace négatif et la simplification du contenu des cases bien dégagées. »

Il reste néanmoins fidèle au ton des *comics* : la série télévisée s'ancre dans la réalité des dessins déjà sombres et crus. « Je voulais que ça ait l'air vrai », explique Hajdu. « De vrais gens, dans de vrais endroits, qui font de vraies choses. Ça parle de gens qui survivent dans un monde en ruine où tout est dangereux. C'est comme un film de guerre. Avec des zombies à la place des Nazis. Je n'ai pas voulu que ça se voit trop, malgré tout. »

Le motif survivaliste est évident dans le pilote, lorsque Rick Grimes gare sa voiture de patrouille à côté des véhicules abandonnés qui encerclent la station service. L'approche au ralenti de la voiture de Rick et sa manière de considérer les dégâts nous disent que l'urgence est terminée. Il n'y a plus rien que la Loi puisse faire ici. Ça donne visuellement le ton de la vie dans ce monde post-apocalyptique.

« Nous voulions une station service totalement isolée », explique Melton. « Nous avons fouillé toute la communauté urbaine d'Atlanta

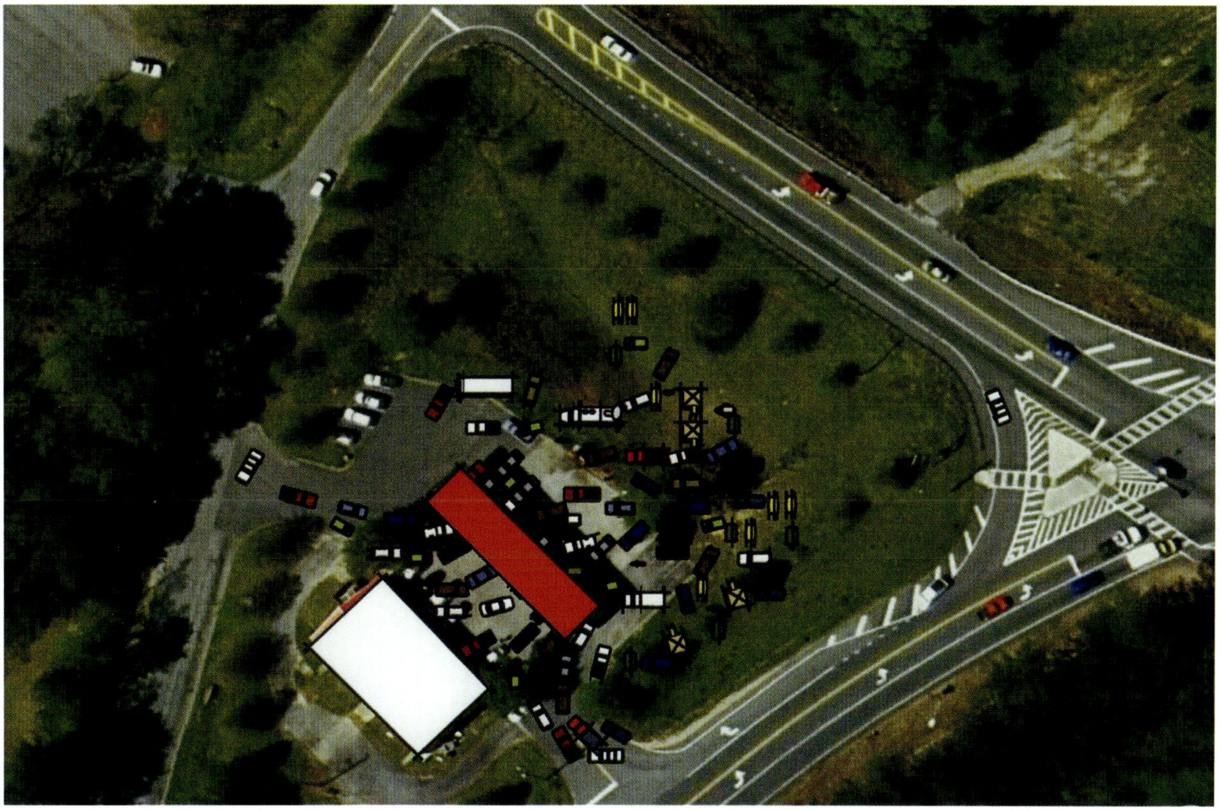

CI-DESSUS : Le logiciel SketchUp de Google, associé à Google Maps, a permis à la production de préparer les décors à l'avance et d'économiser un temps précieux.

à la recherche d'une station isolée, à proximité d'une autoroute. Il ne devait y avoir aucun autre bâtiment en vue. Rick traverse de grandes zones de l'État sans croiser personne, puis il s'aventure dans cette station infestée de zombies. »

Si la série se déroule dans un monde où la technologie moderne ne fonctionne que rarement, cette même technologie est très utile aux décorateurs. Le planning de réalisation du pilote est tellement serré que l'équipe artistique essaie d'abattre autant de travail que possible au stade de la pré-production, afin de n'arriver sur place que le jour du tournage.

Pour préparer le décor de la station service avant de se rendre physiquement sur place, les décorateurs se servent de Google Earth en association avec le logiciel SketchUp pour la modélisation 3D. Ainsi, ils peuvent ajouter des voitures numérisées à l'échelle sur une photo-satellite de la station. Ils déterminent alors le nombre de véhicules nécessaires et la composition idéale. Le jour du tournage, il suffit donc de disposer les véhicules abandonnés selon leur position prédéterminée, carte en main. « Le décor de la station était énorme mais on l'a installé en une journée sans faire appel aux effets numériques », ajoute Melton avec fierté. « Tout a été fait en dur. »

Si la scène d'introduction sur cette route déserte de Géorgie est tournée sans l'aide des effets numériques, ce ne sera pas le cas du reste de la série. *The Walking Dead* est l'exemple parfait de l'utilisation discrète des effets

[.../...]

ÉPISODE 4 : « LE GANG »

Écrit par Robert Kirkman
Réalisé par Johan Renck

SHANE : … Jim, personne ne va te faire de mal. Tu m'entends ? Chhht. Jim, hé. Personne ne va te faire de mal.

JIM : C'est un mensonge. Y a pas pire mensonge que ça. C'est ce que j'ai dit à ma femme et à mes deux gosses. Cent fois, je leur ai dit. Mais ça n'a rien changé. Ils sont venus de nulle part. Par dizaines. Ils me les ont arrachés des bras. La vérité, c'est que si j'ai pu m'en sortir, c'est parce que les morts étaient trop occupés à manger ma famille.

SYNOPSIS: Andrea et Amy se remémorent leur père en pêchant dans leur barque. Bien que très différentes, les deux sœurs éprouvent le même manque face à l'absence leurs parents. Cependant, au-dessus d'elles, Jim se ruine la santé à creuser des trous en pleine canicule. Dale s'inquiète du comportement inexplicable de son ami et en parle aux autres campeurs. Jim devient violent lorsque le groupe tente de l'arrêter.

En ville, Daryl récupère la main de son frère. Avec Rick, T-Dog et Glenn, ils partent à la recherche de Merle. Ils suivent la trace laissée par son sang à l'intérieur de l'immeuble où ils trouvent la preuve que ce dernier a cautérisé sa plaie avant de s'échapper. La piste ayant refroidi, ils dirigent leur attention vers le sac d'armes dans la rue, malgré l'insistance de Daryl pour poursuivre les recherches. Glenn met au point un plan pour ramasser les armes mais pour ce faire, il doit s'aventurer dans les rues infestées de zombies, tandis que les autres attendent dans deux ruelles différentes pour le couvrir. Alors que Glenn part chercher les fusils, Daryl tombe sur un gamin dans sa ruelle qui commence à appeler à l'aide. Deux autres types remontent la rue en voiture et frappent Daryl lorsqu'ils l'aperçoivent en train de menacer leur ami. Quand Glenn arrive dans la ruelle, les nouveaux venus s'en prennent à lui et l'attirent dans leur véhicule. Rick, Daryl et T-Dog ont toujours les armes et le gosse qui hurle, mais ils ont perdu Glenn.

Leur prisonnier, Miguel, emmène Rick, T-Dog et Daryl à la rencontre de son « chef », Guillermo. Les armes à la main, Rick propose d'échanger Miguel contre

Glenn, mais Guillermo veut aussi les armes. Les deux groupes se séparent pour que Rick puisse réfléchir à ce qu'il va faire. Daryl propose de ne pas risquer leur vie pour Glenn, mais Rick a une dette envers le livreur de pizza qui l'a fait sortir du tank.

Leur seconde rencontre ne se passe pas mieux que la première, jusqu'au moment où une vieille dame interrompt les débats. Le gang protège les habitants d'une maison de retraite qui ont été abandonnés par le personnel. À présent qu'il voit les choses différemment, Rick partage fusils et munitions avec les membres du gang et part avec Glenn. Lorsqu'ils parviennent à l'endroit où ils ont garé leur camion, ils découvrent qu'il a disparu. Ils pensent que c'est Merle qui l'a pris. Du coup, ils doivent parcourir à pied le long chemin du retour vers le camp.

Les agissements de Jim sont attribués à un coup de chaleur, mais les autres l'attachent malgré tout à un arbre jusqu'à ce qu'ils soient sûrs qu'il va mieux. Jim s'excuse, mais il ne peut expliquer son geste. Tout juste peut-il dire que l'idée lui est venue lors d'un rêve.

Cette nuit-là, les campeurs se rassemblent autour du feu. Jim s'est calmé et ils l'ont détaché. Le répit ne dure pas car le camp est soudain envahi par les morts-vivants. Rick et son groupe débarquent au beau milieu de l'attaque, trop tard pour sauver qui que ce soit. Amy, Ed et plusieurs autres campeurs sont victimes de l'assaut.

BLAM!

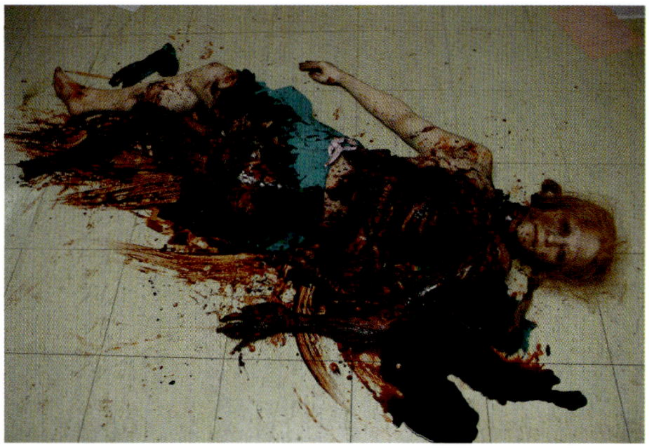

CI-DESSUS : les scènes dont Rick est témoin lorsqu'il se réveille à l'hôpital sont soigneusement choisies pour à la fois rappeler le *comic book* et renforcer l'horreur visuelle à travers le maquillage, l'éclairage et les prises de vue dans les couloirs ensanglantés.

[.../...] spéciaux assistés par ordinateur pour améliorer l'image d'une série. Si *The Walking Dead* avait été produit quinze ans auparavant, la série aurait été entièrement différente d'un point de vue technique, s'appuyant sur des peintures sur verre pour augmenter les décors existants. Cela aurait limité les possibilités des décorateurs pour la mise en place de l'univers de la série. Le public l'aurait sans doute remarqué.

Lorsque l'épisode revient sur le passé de Rick dans sa ville, l'hôpital qui l'héberge est une combinaison de lieux réels et de décors numériques. « L'hôpital a été un des décors que j'ai préférés créer », dit Melton. « C'était un ancien centre de désintoxication avec plein de chambres et de couloirs disponibles pour nous. Nous avons pu nous appuyer sur différents éléments du décor pour représenter la lente progression de Rick vers la folie de ce nouveau monde. »

Le décor jouait un rôle dans la narration car il n'y a personne alentour pour expliquer à Rick ce qui s'est passé. Lui et les téléspectateurs doivent compléter le puzzle à partir des images. « Il a fallu mettre en scène ces endroits où ont eu lieu des exécutions sommaires, des fusillades ou des explosions de grenades », poursuit Melton. « Le concept, c'est que ça empirait à chaque pas que faisait Rick. C'était compliqué car nous ne voulions pas dépasser les bornes. Il fallait que ça soit réaliste. C'était important à chaque niveau de la série. Il fallait un monde réaliste au cœur duquel surgirait l'horreur surréaliste. »

Tattersall renforce la misère visuelle des couloirs de l'hôpital avec des effets de lumière. « On s'est amusés à faire grésiller l'éclairage de secours fluorescent », dit-il. « Ça a marché à merveille pour le corps à moitié dévoré dans le couloir. » L'horreur de ce cadavre est soulignée par le choix du film Super-16 et la méthode de développement. « La légère dé-saturation était une volonté de s'éloigner du rouge vif », poursuit-il, « par ailleurs, le grain de l'image a permis d'obtenir un ensemble cohérent ». Le sang choque moins sur le film que dans la vraie vie, ce qui diminue l'aspect gore, tout en conservant les visuels horrifiques créés par les maquilleurs de Greg Nicotero.

CI-DESSUS : La scène où Rick descend l'escalier est une fausse piste traditionnelle du genre horrifique. Le public souffre quand Rick avance dans l'obscurité, s'attendant à une attaque à tout moment pour finalement pousser un soupir de soulagement lorsqu'il retrouve la lumière du jour.

Tandis que Rick avance dans les couloirs en découvrant horreur sur horreur, il parvient devant une porte barrée par l'inscription « N'OUVREZ PAS MORTS DEDANS » qui lui indique, que s'il s'est produit quelque chose de terrifiant, la menace persiste. La tension est à son comble et il a envie de fuir. Il se retrouve dans une scène typique d'un film d'horreur traditionnel. Une action aussi simple que descendre un escalier devient pleine de suspense quand la seule lumière disponible provient des allumettes que Rick transporte avec lui.

« C'était une idée difficile et ambitieuse : une seule allumette comme source de lumière », dit Tattersall. « Nous nous sommes servis d'une ampoule de 25W que l'acteur tenait en fait dans la paume de sa main grâce à une petite coupe en aluminium qu'on avait bricolée. Il y avait un petit câble qui la reliait à un variateur à pile contrôlé par radio. Je crois que c'est la première fois que nous avons utilisé ce dispositif. Ça faisait vaciller la lumière de l'ampoule pour imiter une allumette. Comme elle était très proche de l'endroit où il tenait l'allumette, ça donnait une ombre unique et une source suffisamment lumineuse pour être capturée sur film. Nous étions tous très satisfaits du résultat. »

Lorsque Rick sort de la cage d'escalier, l'horreur de l'hôpital fait pâle figure face au terrible spectacle créé par l'équipe des effets visuels, qui donne un aperçu de ce que sera le monde de *The Walking Dead*. « L'extérieur de l'hôpital a été conçu et fabriqué avec des décors réels agrémentés d'effets numériques », explique Melton. « L'arrière du lieu nous a fourni des zones supplémentaires pour que Rick découvre une horreur croissante. Plus il en voit, plus ça empire, jusqu'à ce qu'il parvienne en haut du parking où on a mis en place une unité chirurgicale de campagne. En vérité, il y avait un seul vrai hélicoptère, sur place. Les effets numériques ont ajouté de l'ampleur à tout ça. »

Créer l'extérieur de l'hôpital a exigé de Darabont des conversations très détaillées avec son équipe de décorateurs. « La question initiale a été de déterminer le nombre de cadavres dont on aurait besoin en vrai, par opposition à ceux qui seraient ajoutés par ordinateur », explique

CI-DESSUS : Une vision cauchemardesque attend Rick à l'extérieur de l'hôpital. C'est le premier grand décor à combiner des zombies mannequins et des effets numériques pour augmenter l'échelle de la dévastation.

Jason Sperling. « L'hôpital est un très bon exemple de la façon dont les décors, les effets spéciaux de Greg Nicotero et nos effets numériques se mélangent parfaitement. Les décorateurs avaient prévu toutes ces traces du chaos et de la destruction qui ont précédé Rick : le camp militaire abandonné et des cadavres partout. »

Pour aggraver le bilan humain, Nicotero fournit cinquante faux cadavres, partiellement recouverts de draps pour remplir le quai. « En principe, en cas d'apocalypse zombie, il devrait y avoir un paquet de cadavres par terre », dit-il. « Les rues ne seront pas très propres ». L'équipe des effets numériques rajoute même des mouches sur certains cadavres en décomposition dans la scène finale. Mais pour que l'horreur soit à son comble, il leur faut encore davantage de cadavres, que l'équipe de Nicotero ne peut pas fournir, pour des raisons pratiques.

Du coup, l'équipe des effets visuels clone ces cinquante cadavres pour en fabriquer *cinq cents*, alignant des rangées et des rangées de corps sur le parking. Ils remplissent aussi des camions ou tout autre espace disponible avec des cadavres numériques. Mais les dégâts ne s'arrêtent pas là.

Rick monte sur une colline pour voir le camp militaire abandonné après ce qui semble avoir été une petite guerre. Ce sur quoi le comédien Andrew Lincoln marche n'a rien à voir avec ce que verront les téléspectateurs. « Tout ce qui était vraiment là, c'était l'hélicoptère », dit Sperling. « Et encore, sans l'hélice, ou les rotors ou quoi que ce soit d'autre. » Tous les autres éléments de la scène sont ajoutés numériquement : les morceaux manquants de l'hélicoptère, le deuxième appareil, les Jeeps, les tentes, les morts, même l'immeuble en arrière-plan. « Cette scène est un bon exemple de la manière dont les trois équipes fonctionnent à merveille ensemble pour donner l'impression du chaos qui a régné à cet endroit, et dont chaque instant est laissé à notre imagination. »

Bien que Sperling et son patron, Sam Nicholson, soient fiers du travail de leur équipe, ils ne manquent pas de rappeler que les effets visuels suivent la piste ouverte par les décorateurs et les maquilleurs. Ce ne sont pas eux qui créent les visuels. Nicholson explique : « la règle générale, c'est de faire tout ce qu'on peut faire en vrai. Quand on n'a plus d'argent, le numérique démultiplie le tout. Si on peut faire cinquante cadavres, super. Cent ? Encore mieux. Notre limite, c'était cinquante qui soient réussis, pour que Greg puisse se concentrer sur la qualité plutôt que la quantité. Nous, on les clonait. »

Nicholson compare le processus à l'échantillonnage audio, mais sur un plan visuel. « Nous échantillonnons des visuels sur le tournage », dit-il. « Alors, nous filmons en détail tout ce qu'on peut : les corps, les visages, chaque zombie, le moindre élément. Même des gravats. On échantillonne tout. On prend des photos en haute définition, puis on les clone, on les manipule, on leur rajoute des textures, on les plaque sur des objets en 3D. On crée littéralement des clones des zombies et des cadavres. Il faut aussi créer des choses : un hélicoptère, des Jeeps. Il s'agit d'objets virtuels en 3D mais les textures sont dérivées du véritable hélico. Nous étions très fiers, en plaçant l'hélicoptère numérique à côté du vrai, de voir qu'on ne pouvait pas les distinguer. Quand c'est comme ça, c'est que le travail a été bien fait. »

En rentrant de l'hôpital pour aller chez lui retrouver sa femme et son fils, Rick fait sa première rencontre, brève mais lourde de sens, avec un Rôdeur. Trouver les véritables lieux où a évolué Rick s'avère plus compliqué que de juste [.../...]

CI-DESSUS : L'équipe des effets visuels recrée le parking en ajoutant tout le camp militaire morceau par morceau. Elle reconstruit aussi l'hélicoptère.

L'ATTAQUE DU CAMP

CI-DESSUS : L'attaque du camp de l'épisode 5 est un moment important de la série TV, qui nécessite une grande collaboration pour tourner les scènes dans le planning de la production.

« Nous étions là-haut, sur une petite crête, lorsque des camionnettes sont arrivées. Puis, nous avons vu quarante-cinq ou cinquante zombies gravir le chemin de terre en silence. Nous nous sommes écartés pour les laisser passer. Ils n'ont pas dit un mot. J'imagine qu'on leur avait dit de grimper, de rester discrets et d'attendre les instructions. Il fallait de la discipline pour venir à bout d'une nuit comme ça. Mais c'était bizarre de regarder ces gens qui nous observaient à leur tour. »

Jeffrey DeMunn

SYNOPSIS: « Le Gang » s'éloigne franchement de l'histoire mise en place dans la BD *Walking Dead*. L'intrigue est montée de telle sorte que le téléspectateur pense savoir quel genre de gang s'oppose aux protagonistes. Quand on découvre les véritables motivations du gang, c'est la surprise. Il est nécessaire d'étonner le public, car l'épisode se termine sur un instant crucial que les lecteurs du *comic book* attendent avec impatience.

L'attaque nocturne du camp est un tournant dans les *comics*, comme dans la série TV : c'est la première fois que meurt un personnage bien établi. Le fait que l'assaut débute en l'absence de Rick et de son groupe rajoute dans la série des répercussions à la dynamique Rick-Shane. Par ailleurs, pour des raisons pratiques, les survivants sans rôle parlant sont éliminés. C'est un groupe resserré qui lève le camp dans l'épisode suivant.

La nuit du tournage, il faut une grande coordination pour réaliser la scène principale. « Les acteurs et l'équipe de tournage ont assuré, cette nuit-là », dit le directeur photo David Boyd. « Le défi de la photo était de concilier mon envie de filmer dans tous les sens, avec la nécessité de garder l'éclairage invisible. J'ai fait de la place, loin au-dessus du camp pour installer six à huit *Firestarter Maxi-Brute* (des projecteurs surpuissants) et j'ai suspendu des lumières d'ambiance à proximité. Je voulais que cette scène donne une impression brute et crue. Je voulais que les ombres de chacun soient projetées sur tous. Autrement dit : le chaos. Je me suis dit que si nous filmions ce qui se passait avec confiance, plutôt que d'essayer d'obtenir un résultat particulier, l'émotion du massacre zombie n'en serait que plus forte. Ensuite, nous devions nous assurer que chaque instant dramatique et chaque connexion entre les personnages étaient bien filmés comme indiqués dans le script. Imaginez un peu le bazar que ça a été, cette nuit-là. »

La réussite de l'opération est due en partie au fait que Greg Nicotero, superviseur des effets spéciaux et du maquillage, réalise lui-même les plans de morsures zombies. Ces gros plans, très courts, filmés lors de l'attaque, soulignent l'action de la scène principale. Comme Nicotero sait mieux que quiconque de quoi sont capables ses effets pour mettre en scène le carnage, il est logique de considérer que cette tâche fait partie de ses attributions de producteur consultant. « Avec Frank, nous étions d'accord : cette scène devait nous faire ressentir la menace », dit-il. « Les zombies ne peuvent pas se contenter de faire irruption dans le camp en traînant des pieds. Il faut que des gens y passent. Que des gens se fassent mordre. On doit voir Morales qui fait exploser une tête à coup de batte de baseball. Il faut bien montrer que la menace est réelle et qu'il y a des gens qui meurent. »

CI-DESSUS : Une fois tournée la scène principale de l'attaque du camp, il faut trois heures supplémentaires pour filmer les morts en gros plan avec un groupe de figurants.

GAH!
ROAGH.
GAR!
YEARGH!
AMY, NOON!

CI-DESSUS : Greg Nicotero travaille main dans la main avec Emma Bell pour mieux recréer la scène de la mort d'Amy, tirée de la page 14 de l'épisode 5. La démo filmée pour Darabont convainc Nicotero qu'il doit jouer lui-même le rôle du zombie pour cette scène importante.

Frank Darabont dit à Nicotero de tourner ce dont il a besoin pour les gros plans. Pour ce faire, il dispose de trois heures de temps. « On a fabriqué huit zombies et on a tourné six petites vignettes », explique Nicotero. « Un coup, nous en placions deux devant et six derrière. Le coup suivant, nous en mettions deux autres devant et les autres repassaient derrière. Ça donnait l'impression qu'il y avait des dizaines de zombies alors qu'en fait, on en avait huit qu'on mélangeait. »

Un des zombies que Nicotero utilise pour les attaques en gros plan est l'un de ses préférés depuis qu'il l'a rencontré à l'école des zombies. L'acteur Travis Carpenter a exactement le physique du zombie que veut Nicotero. Ce dernier lui demande s'il accepterait de tourner la scène torse nu. « Au départ », explique-t-il, « je voulais deux zombies émaciés avec des marques de morsures ». Le comédien est partant, à tel point qu'il retire immédiatement sa chemise et rentre son ventre pour montrer au designer le genre d'effet spécial que son corps peut faire tout seul. Son ventre concave fait ressortir ses côtes de façon presque surnaturelle.

ÇI-DESSUS : Kevin Wasner, maquilleur d'effets spéciaux, travaille sur le figurant Travis Carpenter dont les talents permettent de rendre l'effet émacié voulu par l'équipe.

Deux mois plus tard, au moment de tourner l'attaque zombie, Carpenter rappelle au superviseur des effets spéciaux leur conversation antérieure. Du coup, c'est lui le zombie vedette de la soirée. "Frank a trouvé ce personnage mémorable", ajoute Nicotero. « Il m'a appelé et m'a demandé «tu as d'autres prises avec lui ?». J'ai répondu "J'aimerais bien, mais je n'avais que trois heures pour filmer tout ça" ».

Nicotero passe un certain temps à répéter avec Emma Bell l'instant crucial où Amy se fait mordre par un zombie. « Emma et moi avions installé la caméra à l'extérieur de la caravane du maquillage. Nous avons tourné la séquence de sa mort et nous l'avons montée », explique-t-il à propos de leurs répétitions avant la nuit du tournage. « Je l'ai envoyée à Frank et je l'ai montrée au réalisateur en disant "voilà l'action, voilà où on doit mettre la caméra". Comme ça, il pouvait non seulement optimiser la scène, mais aussi déterminer où placer le tube pour qu'il n'apparaisse pas devant la caméra au moment où il projetterait du sang. »

C'est important pour Nicotero de savoir exactement où la morsure sera positionnée sur l'actrice lors du tournage, parce que les effets sanglants doivent correspondre, sans quoi la scène ne fonctionnera pas. Au cours de sa carrière, le spécialiste du maquillage a déjà vu des figurants se laisser emporter par l'action et oublier la spécificité d'une scène. « Même une erreur de quelques centimètres peut faire rater l'effet », remarque Nicotero. « Ils doivent mettre dans le mille en sachant précisément où se trouve la caméra, afin de ne pas masquer la scène et que les acteurs restent motivés. »

C'est un moment si important dans la série qu'il est décidé que ce sera Nicotero lui-même qui jouera le zombie qui tue Amy. C'est sa deuxième apparition en tant que mort-vivant dans la série (plus tôt, c'est lui qui joue le zombie qui dévore le cerf). « Nous avons vraiment passé du temps à répéter avec Emma », explique-t-il. « C'est le premier personnage qu'on voit se faire mordre par un zombie dans la première saison. Il fallait vraiment que la chorégraphie et les effets fonctionnent. »

Ses amis accusent Nicotero de faire ça uniquement parce qu'il adore se déguiser en zombie. Si le geek autoproclamé ne nie pas, ça n'est pas sa seule motivation. « Si je fais tout ça, c'est pour une bonne raison », déclare-t-il. « Je sais précisément comment chorégraphier la scène pour qu'elle fonctionne correctement. Et ça a très bien marché. »

[.../...] trouver sa maison ou son lieu de travail. Ces endroits disent quelque chose sur son personnage et sur la petite ville où il habite. Il est loin du super-expert militaire des films d'action. Ce n'est le shérif adjoint d'une petite ville.

Le régisseur général Mike Riley trouve une maison dans le quartier de Grant Park à Atlanta, qui correspond à l'esthétique voulue par Melton. « C'était une maison abandonnée qui était à vendre », dit Melton. « Il n'y avait plus de vitres. Les fenêtres et les portes étaient barricadées mais la maison avait exactement le style que nous recherchions. Nous l'avons réparée, nous avons changé les fenêtres et les portes, puis nous avons repeint l'intérieur. Nous l'avons ensuite décorée pour la famille Grimes, laissant les preuves d'un départ précipité avec des albums photos et des cadres manquants. »

Pour le commissariat, nul besoin de remuer ciel et terre : le bâtiment était juste derrière ! « Alors que je faisais mes recherches, j'avais du mal à me défaire de l'image du commissariat de la BD », dit Melton. « Finalement, nous avons opté pour un petit immeubles de briques rouges juste à côté des bureaux de la production. Il avait la même apparence que dans le *comic book.* » La bande dessinée s'avère indispensable pour Melton lorsqu'il prépare chaque décor du pilote. « C'était comme avoir un story-board du début à la fin. »

CI-DESSUS : La maison de la famille Grimes, située dans le Kentucky dans l'histoire, n'est qu'à quelques minutes du tournage à Atlanta.

Que ce soit dans les pavillons de banlieue ou dans les rues du centre-ville d'Atlanta, l'équipe de production doit non seulement installer des décors pour décrire les personnages, mais aussi pour raconter l'histoire de ce monde post-apocalyptique. « Heureusement pour nous, la fin du monde vient juste de se produire et tout s'est passé très vite. Les gens ont été pris par surprise », explique Hajdu. « En gros, les gens ont tout laissé en plan. Ils ont quitté leur lieu de travail pour retrouver leurs familles. Puis ils se sont barricadés, ont quitté la ville, sont devenus des zombies ou sont morts. Il y a donc des voitures abandonnées. Quelques accidents, mais il y en a beaucoup qu'on a juste laissées sur place. Nous avons projeté de la poussière dessus pour montrer que le temps avait passé. Nous devions montrer les restes d'une fuite paniquée, puis l'abandon, essentiellement par l'usage judicieux des détritus. »

CI-DESSUS : Pour le commissariat de l'épisode pilote, les décorateurs se sont inspirés de la première case de la page 17 du premier numéro. Ils ont trouvé le bâtiment idéal juste à côté de leurs bureaux.

Avec le planning d'une série TV, les décorateurs doivent trouver des solutions pour gagner du temps, notamment pour intervenir sur des décors à grande échelle comme les rues de la ville. Avec un peu d'astuce, Hajdu crée ce qu'il appelle une « couverture d'ordures ». « Afin de dégrader rapidement et efficacement une rue ou une rangée de maisons avec des déchets, les décorateurs collaient des journaux, des bouteilles en plastique, des canettes, des vêtements, etc. sur du feutre géotextile », explique-t-il. « Ils fabriquaient de grands collages d'ordures, légers, qui tenaient ensemble et que nous pouvions jeter dans les

CI-DESSUS : Les couvertures d'ordures – facilement mises en place, puis enlevées par les décorateurs – polluent les rues d'Atlanta.

CI-CONTRE : Les toits du centre-ville d'Atlanta servent de refuge provisoire aux survivants mais le danger aura vite fait d'envahir les immeubles.

caniveaux, sous les voitures, au milieu des rues, sur les pelouses, etc. et qui ne s'envolaient pas. Ça ne salissait pas les lieux du tournage, c'était rapidement installé et ça pouvait resservir. » Les décorateurs font de même avec des feuilles mortes et du lierre artificiel pour créer une « couverture de feuilles » pour les scènes à l'extérieur de la ville. Les couvertures mesuraient environ 1m sur 2,5m. Il y avait aussi d'autres tailles. Deux personnes suffisaient pour polluer un décor, le matin du tournage.

Au-delà des décors à coup d'ordures et de feuilles mortes, Hajdu loue le travail de la décoratrice Lisa Alkofer qui a créé l'ambiance post-apocalyptique dont ils avaient besoin. « C'est formidable. Son intervention sur les décors donne l'impression que les gens ont fait leurs bagages pour échapper à l'apocalypse zombie, puis qu'ils les ont abandonnés derrière eux, comme les pionniers de la conquête de l'Ouest. »

Comme ils ne pouvaient pas détériorer ou tagger les maisons des gens, il leur fallait trouver des zones qui avaient l'air négligé dès le départ. « Avec l'aide de Michael J. Riley, notre régisseur général », raconte Hajdu, « et quelques visites dans les quartiers urbains et résidentiels d'Atlanta, nous avons pu trouver l'aspect que nous recherchions. » Leur travail contribuera à l'ambiance de la version TV de *Walking Dead* et permettra à la série d'être essentiellement filmée aux alentours d'Atlanta.

LAW
LEONARD, RICKMAN &

CHAPITRE SIX

LE TERRITOIRE DES MORTS

Dans le pilote, Rick Grimes part de sa maison vers ce qu'il pense être son salut, à Atlanta. Durant les épisodes suivants, les personnages passent du temps à l'intérieur et à l'extérieur de la ville infestée de zombies, tandis que Rick et Shane débattent pour savoir s'ils doivent rester ou partir. Pour les survivants, c'est littéralement une question de vie ou de mort. Bien que ces discussions occupent une place centrale dans la première saison de la série TV, nulle conversation de ce genre n'a lieu au sein de l'équipe de production. Ils savent qu'ils ont trouvé l'endroit idéal pour tourner la série.

« Atlanta est presque un personnage dans la BD de Robert », déclare Gale Anne Hurd, productrice déléguée. « Certaines cases du *comic book* ont été virtuellement recopiées. Ça nous a enracinés, ainsi que les comédiens, dans une image archétypale de l'Amérique : urbaine mais bordée de nature. »

Les éléments naturels des décors ont bénéficié à la production, à la fois en terme d'ambiance et en terme de message. « Ici, à Los Angeles, tout vire au brun », poursuit Hurd. « Tandis qu'à Atlanta, en été, tout est verdoyant. Ça fait un drôle d'effet à côté de la pestilence des zombies et de la terreur dans laquelle vivent nos protagonistes. C'est très intéressant. »

Les producteurs parviennent à collaborer avec la ville et le gouvernement d'État pour avoir accès à Atlanta, et brosser un portrait réaliste de la destruction d'une grande ville. « Nous avons beaucoup de chance de travailler à Atlanta », dit David Tattersall, directeur photo de l'épisode pilote. « C'est une ville très accueillante pour les tournages. L'équipe de production a pu s'emparer d'une surface considérable du centre-ville. Plusieurs pâtés de maisons ont été fermés et nous avons pu créer une espèce de violence post-apocalyptique. »

Les rues abandonnées d'Atlanta, envahies par les morts-vivants, jouent un rôle-clé dans la mise en place d'un monde post-apocalyptique convaincant. Sans ces scènes de dévastation, la série aurait eu moins d'ampleur et davantage de difficultés à enflammer l'imagination du public. Pour autant, il ne suffit pas de bloquer la circulation dans les rues. Les décorateurs ont beaucoup de travail pour transformer quelques blocs d'une ville en pleine forme en une zone de guerre zombie.

« Les décors du centre-ville d'Atlanta ont été notre plus grand défi en terme de logistique et d'emploi du temps », déclare le chef décorateur Greg Melton. « L'idée, c'était qu'une partie d'Atlanta était devenue une zone sécurisée protégée par des militaires. Rick s'approche d'un point de contrôle militaire qui a été envahi. Il y a de nombreuses voitures abandonnées avec des bagages, des portières ouvertes. Comme si les gens avaient tenté de courir vers le barrage. »

CI-DESSUS : Par moments, la chevauchée silencieuse de Rick vers Atlanta correspond parfaitement au storyboard fourni par le *comic book*.

PAGE PRÉCÉDENTE : Après avoir fermé plusieurs rues du centre-ville d'Atlanta, les décorateurs ont donné à la ville l'atmosphère d'une ville fantôme. Parfois, il a fallu effacer des véhicules à l'ordinateur, ainsi que le bruit de fond.

CI-DESSUS : Croquis préliminaire pour le barrage abandonné qui a servi de décor à l'attaque de zombies de la fin du pilote et à la fuite de Rick au début du deuxième épisode.

Sur une surface de six pâtés de maisons, les décorateurs installent plus de vingt-cinq véhicules, dont un hélicoptère Huey et un char d'assaut de soixante tonnes. « Nous avons dû préparer tout ça à partir de 19h00 vendredi soir pour commencer à filmer samedi à 6h00 du matin », explique Melton. « C'était un décor difficile qui devait être pensé avec soin pour permettre le passage de l'équipement lourd, nécessaire au positionnement des véhicules dont un bon nombre ne fonctionnait pas. »

Alex Hajdu, qui est encore directeur artistique dans les premiers épisodes, remarque que le travail de préparation effectué au stade de la pré-production a été décisif. Comme pour la station service, l'utilisation de *Google Earth* a permis de prévoir le positionnement des véhicules abandonnés. « Nous connaissions tous les angles. Nous savions exactement ce qu'on devait préparer », dit-il. « Certaines boutiques locales nous avaient permis d'utiliser leurs enseignes. Nous avons masqué les autres. Il ne fallait surtout pas toucher au Tribunal. » Ils sont obligés de tourner le week-end, quand le centre-ville est moins encombré, et doivent tout installer et tout enlever dans un laps de temps très court.

« CHEVAUCHÉE À ATLANTA » : STORY-BOARDS

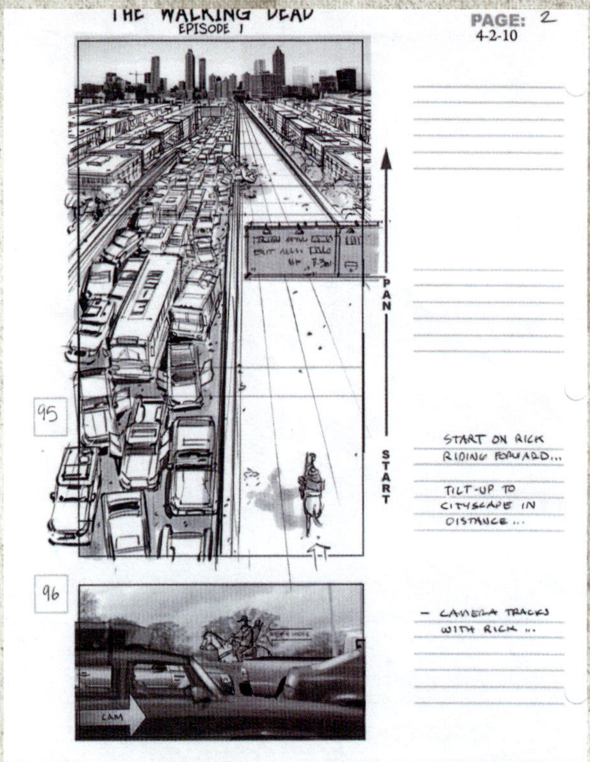

99/4

PAN 1

- Une rue pleine de Rôdeurs. On commence avec les Rôdeurs nous tournant le dos...
- Tous les marcheurs se tournent vers nous, ensemble...

[redacted]

99/5

- Plan sur Rick
Réaction d'horreur

99/6

PAN 1

Rick tire sur les rênes de son cheval.
La horde de Rôdeurs se rue vers lui.

À suivre

CI-DESSUS : De nombreux véhicules, y compris ce bus brûlé, ont été disposés de façon à paraître complètement abandonnés à la suite d'une bataille désordonnée.

Comme les personnages reviendront dans les épisodes ultérieurs, la production tournera deux fois sur les lieux. La deuxième fois, ils veilleront à faire correspondre les débris avec leur position dans le pilote, pour éviter tout problème de continuité. Un exploit quand on considère qu'il n'y a pas que les gros véhicules à remettre en place dans les rues. « Nous avons aussi fabriqué de fausses barrières de béton, du genre de celles qu'on voit sur les autoroutes, utilisées en guise de barricades », explique Hajdu. « Ça donne un côté "Fort Alamo" au Tribunal. Nous voulions montrer que rien n'avait pu arrêter l'invasion des hordes zombies : ni les tanks, ni les mitraillettes, ni les soldats. Les décorateurs ont fabriqué des sacs de sable avec de la sciure de bois sur des chariots à roulettes pour que les barricades puissent être montées à l'avance et placées devant la caméra. » De nombreux véhicules et autres éléments militaires resserviront dans les épisodes 5 et 6 pour les scènes tournées devant le CDC.

Souvent, les équipes de production gagnent du temps en ne décorant qu'une partie des lieux et en assurant un cadrage serré. Ce n'est pas le cas dans *The Walking Dead*. Frank Darabont tient vraiment à montrer la dévastation sous tous ses angles. « Nous tournions toujours en caméras multiples », dit Hajdu. « Du coup, nous devions habiller plusieurs angles. » Ça signifie qu'il leur faut davantage que des débris et des détritus pour couvrir la zone. « Le service des véhicules a fait un travail fantastique », poursuit-il. « Ils ont trouvé un vieux bus brûlé, qui était mieux que tout ce qu'on aurait pu créer, ainsi que de nombreuses automobiles accidentées, dont une voiture de police brûlée. »

Autre véhicule vedette du décor : le tank abandonné en pleine rue. Il s'agit encore d'un élément des *comics* dont le rôle est plus important à la télévision. Dans la BD, Rick et Glenn passent à côté du char d'assaut lorsqu'ils retournent en ville pour prendre des armes. Là, il devient un élément clé du décor pour la fin à suspense du pilote.

« Le char M1 Abrams vient de chez Doug Cole, un collectionneur local », raconte Hajdu. « Il nous a aussi fourni des pièces détachées et

CI-DESSUS : Le char M1 Abrams, loué à un collectionneur local, est le point focal de l'action au moment fort du pilote.

CI-CONTRE : Le tank est un clin d'œil à celui aperçu par Rick et Glenn lors de leur promenade parfumée aux tripes de zombie à Atlanta dans l'épisode 4.

SEIGNEUR.
C'EST PIRE QUE CE QU'ON CROYAIT.
D4-RRO
POLICE

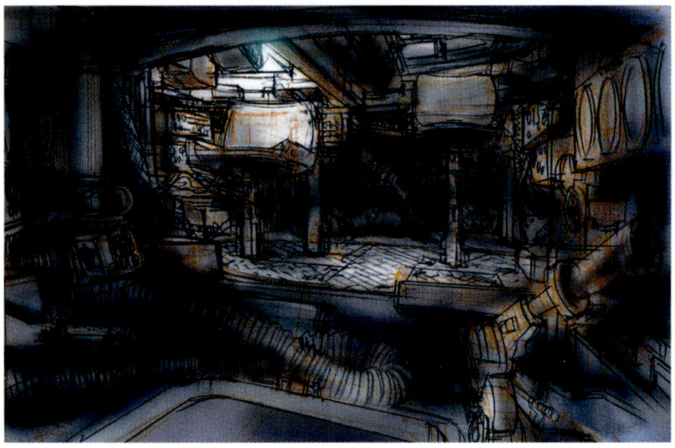

CI-DESSUS : L'intérieur du tank est conçu pour correspondre au véritable véhicule tout en offrant l'avantage des tournages en plateau. C'est l'un des rares décors artificiels du pilote.

des conseils techniques pour le faux intérieur du tank, ainsi qu'un hélico Huey pour l'extérieur de l'hôpital où Rick sort du coma et découvre un univers cauchemardesque... En fait, Doug possède deux chars M1. Pour cette scène, il s'est servi de celui qui est équipé de chenilles autorisées pour la route, qui ne détériorent pas l'asphalte.

Pour filmer Rick quand il rampe sous le char, dans une tentative de la dernière chance, Darabont s'inspire d'un dispositif qu'il a inventé avec Melton à l'époque où ils tournaient leurs propres films en Super-8. Ils demandent à Richard Mark, le chef machiniste, de fabriquer une Dolly avec une longue armature en aluminium qu'ils feront rouler sous le tank. « Nous avons bricolé une espèce de tête à axes, contrôlée à l'aide de cordes », explique Tattersall. « Nous avions une portée de sept mètres, alors elle a pu rouler sur toute la longueur du tank pendant que Rick rampait dessous. »

L'intérieur du char est l'un des rares décors bâtis pour le pilote : tout le reste est filmé en décor naturel pour renforcer le réalisme. Ils construisent une trappe qui correspond à celle du tank dans lequel pénètre Rick sur les lieux du tournage. Quand il est à l'intérieur du tank, la scène est tournée en plateau. « Le décor du tank a été conçu pour s'ouvrir de telle sorte qu'on puisse filmer à l'intérieur », explique Melton. « Nous avons décoré l'intérieur avec de véritables pièces de char, fournies par Doug Cole. Nous avons agrandi l'habitacle d'une trentaine de centimètres pour faciliter la dynamique des prises de vue. »

Pour répondre aux besoins de la production, habiller le centre-ville avec des morceaux de décor ne suffit pas. Il faut davantage qu'un tank et un bus. Lorsque Rick tourne au coin de la rue, dans le pilote, il se retrouve nez à nez avec une horde de zombies. C'est là que les ennuis commencent.

Filmer une rue pleine de zombies qui se jettent sur Rick exige de l'équipe des effets visuels qu'elle recrée ces rues en 3D numérique, afin de modifier la scène. « Nous avons construit quatre pâtés de maisons en 3D complète », raconte le superviseur des effets spéciaux, Sam Nicholson. « Presque comme dans un jeu vidéo photo-réaliste, si vous voulez. Ça correspondait précisément aux immeubles. » Pour ce faire, la production prend une série de photos du site et fournit des images de chaque immeuble à l'équipe 3D pour qu'ils puissent les dupliquer entièrement. Quand c'est fait, ils mélangent les deux réalités ensemble : le monde physique et le monde virtuel.

À partir de là, ils doivent ajouter une incroyable quantité de zombies pour générer l'image choc de la fin du pilote. Des dizaines de figurants zombies encerclent le tank dans lequel Rick a trouvé refuge, tandis que des centaines et des centaines d'autres se rapprochent de la zone. Il est impossible d'embaucher, d'entraîner et de maquiller tous ces figurants avec un emploi du temps et un budget de série TV. Il faut donc faire appel au numérique.

« Avec les zombies en 3D que nous avons ajoutés, nous renforçons la complexité de la composition d'ensemble, car il faut peaufiner la façon dont se meuvent les morts-vivants », explique Jason Sperling, superviseur des effets visuels. « Nous avons réalisé une session de Motion Capture avec un figurant qui était allé à l'école des zombies. Nous avons saisi sa démarche, puis nous l'avons répliquée sur des centaines, voire des milliers de zombies. Leurs mouvements ressemblent donc à ceux des zombies qui étaient physiquement présents sur le tournage. »

Travailler dans les rues d'Atlanta permet aux décorateurs de recréer un autre moment mémorable des *comics* dans l'épisode 2 : Rick et Glenn, recouverts de restes de zombies pour masquer leur odeur, se déplacent sans se faire remarquer au milieu d'une horde de Rôdeurs. Pour jouer cette scène correctement, il faut que la météo passe d'un ciel ensoleillé à une soudaine averse.

CI-DESSUS : Rick fuit la horde zombie dans la scène finale du pilote. Avec plus d'une centaine de figurants, le nombre des morts-vivants augmentera encore grâce aux effets numériques.

« Cette scène était trop classe. C'était "Bienvenue dans le Showbiz". Tout ce qu'on avait fait jusque là était à peu près "normal", je crois. Si on peut appeler ça comme ça. En gros, nous avions beaucoup tourné sans recourir aux effets visuels (en ce qui nous concernait). Mais ce jour-là, quand je suis arrivé sur le tournage, ils m'ont filé un imperméable et ils ont commencé à me recouvrir de cochonneries. Je me suis dit "Ouah, ça le fait". Mais pour que je me rende compte, il a fallu que nous commencions à courir dans une rue d'Atlanta avec une centaine de figurants zombies à nos trousses, trois machines à faire de la pluie qui nous arrosaient, et un chariot qui nous suivait à toute vitesse pour nous filmer. J'ai adoré tourner cette scène, j'aurais pu faire ça toute la journée. »

Steven Yeun

CI-DESSUS : Tous les aspects de la production se rejoignent pour créer la séquence complexe durant laquelle Rick et Glenn s'enfuient, alors que la pluie nettoie leur camouflage à base de tripes de zombies, permettant aux Rôdeurs de sentir leur odeur humaine.

CI-CONTRE : Deux épisodes de la série télévisée réinterprètent les pages du numéro 4 dans lequel Rick et Glenn retournent en ville pour récupérer d'autres armes.

« C'est une chose de mettre au point ce genre de scène dans un film de cinéma, quand l'agenda est moins serré », dit David Boyd, le directeur photo de l'épisode, « mais avec notre emploi du temps, j'ai fait appel à toutes les techniques que j'avais apprises pour que l'éclairage corresponde à la météo de l'histoire. Même quand le temps qu'il fait joue un rôle crucial dans une scène, comme dans ce cas, c'est toujours un des plus grands défis de mon métier d'assurer que tout concorde avec l'emploi du temps du tournage TV. On a tellement d'imprévus, les jours de production. »

Pour compliquer les choses, ce jour-là, un soleil radieux alterne avec des passages nuageux. « J'ai dû m'engager sans savoir si la véritable météo conviendrait », poursuit Boyd. « J'ai truqué tout ce que j'ai pu pour que la météo corresponde au scénario. J'ai masqué le soleil pour que ça donne l'impression d'un ciel voilé, ou j'ai allumé de grands projecteurs pour transformer la lumière d'un ciel nuageux en plein soleil. »

Pour créer la pluie, la production fait appel à Darrell Pritchett, coordinateur des effets spéciaux, qui place des arroseurs automatiques en hauteur pour faire pleuvoir sur les rues d'Atlanta. « On a vraiment utilisé beaucoup d'eau », dit-il. « Une partie de la scène a été dictée par ce qu'on pouvait accomplir. Le réalisateur regardait dans une direction et disait “je veux de la pluie par ici”. Je crois qu'ils en ont rajouté un peu en numérique, sur les bords, mais tout le reste était vrai. »

Quand Rick et Glenn se retrouvent sous la pluie, ils parviennent à s'enfuir à bord d'un camion, mais ce n'est pas leur dernier passage en ville. Les personnages et la production reviendront un autre week-end, non seulement pour recréer la rue où Rick a fait tomber son sac d'armes, mais aussi pour explorer de nouveaux décors.

[.../...]

ÉPISODE 5 : « FEUX DE FORÊT »

Écrit par Glen Mazzara
Réalisé par Ernest Dickerson

Rick : … Atlanta n'est pas ce qu'on croyait. Ce qu'on nous avait promis n'a jamais existé. C'est devenu… Alors, quoi que tu fasses, reste en dehors de cette ville. Elle appartient aux morts, maintenant.

SYNOPSIS: Le lendemain de l'attaque des Marcheurs, Rick tente de prévenir Morgan du danger qui règne à Atlanta, mais il n'a aucun moyen de savoir si son message a été bien transmis par le talkie-walkie.

Au camp, Andrea veille le corps d'Amy, tandis que les autres brûlent les cadavres de Marcheurs et enterrent leurs amis. Mais d'abord, ils doivent s'assurer que les morts ne se relèvent pas. Puisant sa force dans les émotions conflictuelles qui suivent la mort de son mari, Carol demande à lui porter elle-même un coup de hache sur le crâne.

Alors qu'ils nettoient le campement, Jacqui remarque que Jim saigne. Il essaie de faire comme si de rien n'était, mais il ne peut pas dissimuler la vérité : il s'est fait mordre. Ce n'est qu'une question de temps avant qu'il ne se transforme. Le groupe se demande ce qu'ils vont faire de lui. Rick propose d'aller chercher de l'aide au CDC mais Shane n'est pas d'accord. Aucun consensus ne se dégage de la situation.

Plusieurs membres du groupe tentent de raisonner Andrea, mais elle ne leur permet pas d'éloigner le corps de sa sœur. Lorsque Dale vient lui rendre un dernier hommage, Andrea donne à sa sœur le collier qu'elle a récupéré en ville, la veille, pour lui offrir à son anniversaire. Amy se réveille lentement, donnant à Andrea l'opportunité de s'excuser pour les fois où elle n'était pas là. Mais à présent, elle est là pour sa sœur et elle lui tire une balle dans la tête afin d'abréger ses souffrances.

Lori finit par se ranger du côté de Rick quant à la question de se rendre au CDC. Shane est déçu. La discussion s'arrête avant qu'une décision soit prise. Les deux hommes vont battre les bois à la recherche d'éventuels Rôdeurs. Quand Shane tient Rick en joue, il se demande s'il ne va pas en profiter pour tirer, mais il s'abstient avant de commettre l'irréparable. Dale est témoin de la scène, mais Shane fait comme s'il n'avait pas fait exprès.

À leur retour au camp, Shane annonce qu'il a réfléchi à propos du plan de Rick. Désormais, il est d'accord et propose qu'ils partent pour le CDC dès le matin. La famille Morales décide de quitter le groupe pour partir à la recherche de parents à

Birmingham. Rick et Shane leur donnent des armes et des munitions, et tout le monde se dit au revoir.

Alors que le groupe, moins nombreux, se met en route, l'état de Jim empire. Il ne tiendra pas jusqu'au CDC. Dale propose ce qu'il a déjà suggéré plus tôt : ils n'ont qu'à laisser Jim choisir son propre destin. Jim demande à ce qu'on l'abandonne sur le bord de la route à l'extérieur de la ville, pour se transformer et peut-être retrouver la famille qu'il a laissée derrière-lui.

Plus loin, un chercheur solitaire du CDC, dénommé Jenner, remplit un rapport. C'est le 194e jour depuis le début de l'opération "Wildfire". Et ça fait soixante-trois jours que l'épidémie est soudainement devenue planétaire. La décontamination complète de son labo a détruit ses derniers échantillons tissulaires. Il enregistre ce qui sera certainement son dernier rapport. Demain, il prévoit de se suicider.

Les survivants qui arrivent devant le bâtiment pourraient bien le faire changer d'avis. Rick et les autres martèlent à la porte extérieure, suppliant de pouvoir entrer, alors qu'ils sont encerclés par les Marcheurs. La famille de Rick et ses amis lui hurlent de courir avec eux, mais il refuse. Il est convaincu que leur seul espoir de salut est à l'intérieur de cet immeuble. Ses appels au secours sont entendus et la porte finit par s'ouvrir.

CI-DESSUS : Le repaire du gang de l'épisode 4 n'a aucun équivalent dans la BD, ce qui donne aux décorateurs l'opportunité de surprendre les lecteurs.

[.../...] Dans « Le Gang », le décor-clé à l'intérieur de la ville est le QG d'un gang qui sert en fait de couverture à une maison de retraite. « J'ai trouvé que le script jouait bien sur les préjugés du public quant aux membres du gang, et que la surprise n'en était que plus forte quand on découvrait qui ils étaient vraiment », déclare Hajdu.

Les décorateurs devaient inventer un endroit qui contribuerait à la première impression en renforçant la menace supposée du gang. « Nous avons placé leur repaire dans une gigantesque usine en briques », dit Hajdu. « Une partie avait été convertie en studios d'artistes et le reste était soit en ruines, soit consistait en ateliers qui fonctionnaient encore. L'extérieur que j'avais choisi était une zone créée suite à un incendie qui avait fait s'effondrer le toit d'une usine, dévoilant l'intérieur. Ça donnait une espèce de cour lugubre avec des gravats et des murs à moitié effondrés. Il y avait des ouvertures qui ne débouchaient nulle part et des fenêtres béantes qui ajoutaient une touche menaçante. Rick et ses amis doivent traverser ce terrain vague avant de pouvoir entrer dans l'entrepôt. C'était comme dans un western spaghetti de Sergio Leone, genre *Il était une fois dans l'Ouest*. On s'attendait à voir surgir des silhouettes de bandits au-dessus des toits. La cour était comme une rue du Far West avant un duel. »

Darabont veut que le gang fasse une entrée et une sortie dramatiques. Hajdu fabrique une double porte coulissante qui s'adapte à une ouverture existante dans la cour. L'intérieur est filmé dans un autre bâtiment qui correspond à ce qu'ils ont imaginé pour le repaire. « Il y avait plein de vieux équipements, des grandes fenêtres partiellement occultées par des étagères, des palettes et d'autres formes sombres », dit Hajdu.

L'endroit est presque trop parfait : ils doivent déplacer certains éléments pour faire de la place aux voitures que le gang est censé démonter pour les pièces détachées. « C'était notre version du stéréotype du survivant urbain », explique Hajdu. « Des durs à cuire dans leur repaire. Ça renforçait encore notre a priori sur les membres du gang, ce qui était important pour la révélation finale. »

La décoratrice Lisa Alkofer imagine des endroits pour donner l'impression que les voyous vivent sur place, avec un bar et un coin cuisine/barbecue. « C'était à la fois un clubhouse, un garage et le QG d'un gang », dit Hajdu. « Ça permettait de faire entrer Rick et les autres dans la gueule du loup et d'être immédiatement encerclés façon western. C'est aussi là qu'au moment où la tension est la plus forte – tous pointant leurs armes les uns sur les autres – la grand-mère débarque à l'improviste et fait retomber la tension. »

À ce moment-là, le public découvre que ces bandits s'occupent en fait de prendre soin des pensionnaires âgés de la maison de retraite voisine. Les deux décors différents représentent un défi pour Hajdu qui doit mettre en place une transition crédible de l'usine vers l'hospice, ce dernier étant situé à l'autre bout de la ville et bâti dans un style architectural très différent. « Le tournage de la maison de retraite a eu lieu dans une église encore en activité », raconte-t-il. « C'était un immeuble de béton avec une section arrière partiellement en briques. Juste à côté, il y avait un petit immeuble également en briques. J'ai fabriqué des murs de béton de 2m50 qui se mêlaient bien avec l'architecture extérieure de l'église. »

Ils ajoutent une végétation négligée et du mobilier de jardin défraîchi et recouvrent l'asphalte avec des feuilles mortes et de la paille. Les acteurs passent entre l'église et le grillage en traversant cette zone extérieure pour entrer dans la maison de retraite. « J'ai réalisé un modèle 3D avec SketchUp pour illustrer le résultat », explique Hajdu. « La hauteur et la solidité des murs valident le fait que les zombies ne peuvent pas apercevoir les personnes âgées ou les membres du gang qui vont et viennent entre le repaire et la maison. »

Les rues d'Atlanta fournissent à la production l'essentiel de ce dont ils ont besoin pour la première saison de *The Walking Dead*, mais rien de comparable à ce qu'ils vont découvrir à l'extérieur de la ville. Le camp où se réfugient Shane, Lori et les autres survivants est un élément essentiel des six premiers numéros du *comic book*. Les décorateurs ont beaucoup de chance de trouver exactement ce qu'il leur faut à quelques kilomètres du centre-ville. Hurd

CI-DESSUS : La carrière avec les gratte-ciel d'Atlanta en arrière-plan fournit tout ce dont la production a besoin pour le décor sans recourir aux effets numériques.

LÀ-HAUT, C'EST **DALE** QUI MONTE LA GARDE. C'EST SON CAMPING CAR. CELUI QUI MANGE, C'EST **JIM**.
LÀ, ASSISES DANS LE COFFRE, C'EST **CAROL** ET **SOPHIA**, SA FILLE.

raconte : « Quand notre régisseur général, Mike Riley, et le producteur exécutif Tom Luse nous ont emmenés là-bas, nous n'en croyions pas nos yeux. Nous n'imaginions pas pouvoir trouver cet endroit aussi proche d'Atlanta, avec vue sur les gratte-ciel, comme indiqué dans le script. Nous n'avons pas eu besoin de les ajouter à l'ordinateur. Si vous étiez un groupe de survivants, vous choisiriez un endroit avec de l'eau courante, suffisamment éloigné de la ville pour être à l'abri des attaques zombies – enfin, pas à ce point-là, comme on le verra – mais suffisamment proche pour que Glenn puisse faire ses raids en ville pour récupérer des provisions. Et la vue était splendide. »

Les producteurs ne sont pas les seuls à apprécier l'endroit. Melton se souvient : « Nous avons tous adoré la vue sur les gratte-ciel au-dessus des falaises de la carrière. Nous avons pris ce que la nature nous offrait, et nous avons créé un campement réaliste avec feu de camp et cordes à linge. Nous avons niché toutes les tentes à la lisière du bois et positionné le camping-car en hauteur pour que Dale puisse monter la garde. »

La plupart des membres de l'équipe de production a aimé travailler à cet endroit. Mais pas autant que David Boyd, le directeur de la photo. « J'avais tellement hâte de prendre tout ça en photo », s'exclame-t-il. « Darabont a choisi de situer le camp sur une falaise surplombant une carrière inondée, nos personnages ayant besoin d'eau pour survivre. L'idée consistant à s'appuyer sur différents niveaux physiques pour retranscrire différentes émotions, remonte à *La Prisonnière du Désert* de John Ford et même avant. Ça reste une superbe façon de ressentir l'action pour le public. J'aime beaucoup le décor bucolique de la carrière quand on le compare à la rude existence du campement plus haut. Darabont met en place une structure similaire dans le deuxième épisode, où tout ce qui est au rez-de-chaussée à Atlanta est très dangereux, tandis que les toits ou les tunnels semblent plus sûrs. C'est logique, quand on se dit que la plupart des superbes pierres qui ont servi à construire les immeubles d'Atlanta proviennent de la carrière. Et on peut les apercevoir depuis le camp au-dessus du lac. »

En préparant le campement sur la carrière, les décorateurs gardent en tête, comme c'est raconté dans la BD, qu'il sera finalement envahi

CI-DESSUS : Les scènes du camp sont – pour la plupart – filmées sur place, en dehors de quelques instants en studio.

CI-CONTRE : Le camping-car de Dale (comme dans cette case tirée du numéro 3) est un des éléments essentiels du décor dans la BD, ainsi que le moyen de transport principal des survivants.

par les zombies. Dès le premier épisode, le camp a été conçu pour permettre cette attaque sans avoir à redessiner son implantation. De temps en temps, de la verdure est ajoutée pour masquer certaines vues, mais sinon, il s'agit surtout de créer un simple campement. « La majeure partie du camp s'est installée de façon naturelle.

[.../...]

LA RÉSURRECTION D'AMY

CI-DESSUS : Emma Bell ensanglantée à l'aide d'un tatouage temporaire, qui permet un tournage plus confortable qu'avec le sirop de maïs qu'on utilise d'habitude.

Dans la BD, Andrea prend la décision inimaginable d'abattre sa sœur quelques minutes après l'attaque des zombies. Comme plusieurs fois dans la série télévisée, les scénaristes font durer le moment et lui laissent le temps d'infuser. Au début de l'épisode 5, « Feux de Forêt », Andrea a veillé sa sœur pendant toute la nuit, jusqu'à l'aube. Elle refuse d'écouter ses amis qui tentent de la convaincre de la lâcher, y compris Rick vers qui elle pointe même son arme. Lorsque vient le moment du réveil pour Amy, Andrea est là pour sa sœur. Elle dit au revoir et presse la détente, lui tirant une balle dans la tête. C'est une scène très forte pour les actrices, qui reçoivent l'aide de l'expert en zombies local.

Greg Nicotero explique comment son rôle va au-delà du maquillage dans cette scène : « Beaucoup d'acteurs n'ont pas grandi en regardant les mêmes films que Frank ou moi. Je peux citer des films d'horreur des années 70 ou 80. Mais la plupart des comédiens n'ont pas la même obsession que Frank et moi. C'est quelque chose que nous partageons tous les deux. J'ai passé beaucoup de temps avec Laurie Holden parce qu'elle voulait vraiment comprendre l'impact émotionnel que cela aurait sur son personnage. Combien de fois avait-t-elle vu ça auparavant ? Est-ce qu'elle croyait vraiment qu'en serrant Amy dans ses bras, elle allait la sauver ? Ce genre de choses. Ça n'était pas un simple boulot de maquillage, pour moi. J'ai vraiment pu aider les actrices à mieux comprendre le genre. »

L'utilisation stratégique du sang dans cette scène sert à rappeler la violence du moment qui a précédé l'action tout aussi violente qu'Andrea est sur le point d'entreprendre. La dernière des choses dont ont besoin les comédiennes, c'est d'être dérangées par les effets spéciaux pour cette scène chargée en émotion. « Notre recette de faux sang contient du sirop de maïs », explique Nicotero. « Au bout d'un quart d'heure, ça devient tout collant et c'est particulièrement inconfortable, notamment pour la mort d'Amy. Non seulement elle saignait du bras et du cou, mais elle devait rester par terre toute la journée de tournage et aussi la journée suivante. »

Quand ils tournent la nuit de l'attaque, ils font d'abord jaillir le traditionnel sang au sirop de maïs de son bras, au moment des morsures. Après quelques prises, quand ils sont sûrs d'avoir filmé ce qu'ils veulent, ils la nettoient et utilisent une solution de pigments dissous dans l'alcool pour simuler le sang, qu'ils peignent comme un tatouage temporaire. Ils se servent de la même solution lorsqu'Andrea berce Amy dans ses bras. « C'était quand même bien collant », admet Nicotero. « En berçant Emma, Laurie écrasait le sang. Elles collaient toutes les deux malgré nos efforts. »

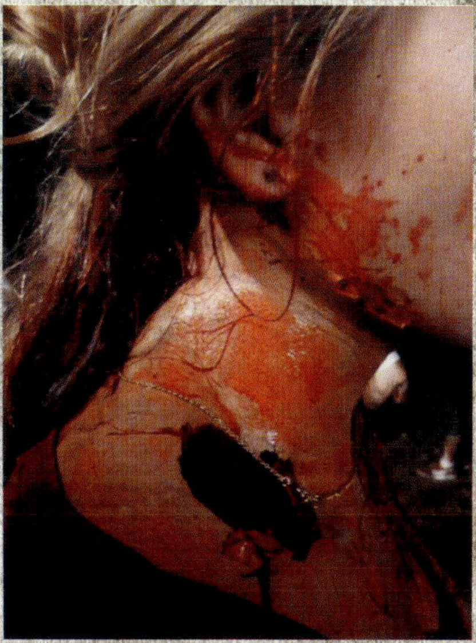

CI-DESSUS : Un gros plan de la seconde blessure infligée par Greg Nicotero Zombie à Emma Bell.

Quoi qu'il en soit, la scène obtient l'effet espéré par Darabont lorsque les scénaristes ont décidé de l'inclure dans leur histoire. « La mort d'Emma Bell est un choc terrible à la fin de l'épisode 4 », déclare Darabont. « Genre, "Oh, mon Dieu, c'est horrible et dérangeant à la fois." Elle, j'ai vraiment regretté de devoir la tuer, même si c'était prévu. Le personnage meurt dans les *comics* de Kirkman, alors, en l'engageant, je savais qu'Emma Bell allait se faire croquer. Mais au moment de passer à l'acte… elle était si gentille, si adorable. Et elles jouaient si bien les sœurs, avec Laurie Holden. Elles étaient si bien assorties. J'adorais voir leurs deux personnages ensemble. Quand l'heure est venue de la faire brutalement tuer par les zombies, je l'ai regrettée. Son personnage me manquera. L'actrice aussi. Elle était si gentille. Elle était si intéressante. Leur fonctionnement en tant que sœurs était si gratifiant… elle me manquera vraiment. Mais bon, il fallait bien suivre notre intention de départ. »

[.../...] Nous avons bien utilisé l'espace et positionné assez d'éléments au hasard pour que ça ait l'air authentique », raconte Hajdu. « Chaque personnage avait sa tente et ses biens qui reflétaient sa propre histoire. »

Si le campement était parfait pour les scènes de jour – où on pouvait apercevoir les gratte-ciel d'Atlanta ou montrer la carrière en pleine lumière – l'équipe de tournage pense filmer les scènes de nuit en plateau. Une version plateau du camp est mise en place, mais ne sert que peu, car la préférence est donnée aux scènes en décor naturel. Boyd insiste pour filmer dehors autant que possible. « Je suis toujours d'avis de tourner dans un endroit réel », explique-t-il. « Il y avait une certaine pression pour que nous tournions la scène du feu de camp en studio. Plutôt que de tricher, je préférais qu'on tourne en extérieur pour le vent, les insectes, la fumée, le mouvement dans les cheveux des acteurs. Nous pouvions aussi apercevoir le reste du site. »

Une fois obtenue l'autorisation de tourner les scènes de nuit sur place, ils fabriquent de petites lampes capables de résister à la chaleur d'un vrai feu de camp. « Les flammes sont rarement assez lumineuses pour obtenir une bonne qualité d'image », note Boyd. « Nous agitions nos petites lampes de haut en bas pour rendre l'effet plus crédible. Elles étaient recouvertes de gel couleur paille. Le scénario nous demandait de maintenir les flammes aussi basses que possible et de monter des hautes pierres tout autour pour éviter d'attirer un zombie égaré vers le campement. Nous nous sommes donc interdit l'usage d'un grand feu, et avons dû compter sur la douce lumière des braises. Pour les gros plans, ça ajoute un joli petit effet. Comme les acteurs étaient vraiment dehors, dans un décor naturel qu'ils connaissaient bien, ça les a aidés à croire en leur travail. »

Hors caméra, l'équipe de production se sert de vraies flammes pour éclairer les éléments pour lesquels le son n'a pas grande importance, car les brûleurs au propane font un bruit aigu. Par ailleurs, ils laissent judicieusement la forêt autour du camp dans l'obscurité, pour mieux souligner son isolement. « Souvent, nous utilisions trois caméras pour les scènes du feu de camp, afin de pouvoir monter des passages parfaitement en accord avec les mouvements, car les différents jeux d'acteur sont inscrits dans le temps et interconnectés », se souvient Boyd. « C'est une formidable façon de travailler. »

Pour les scènes de jour, les brûleurs au propane ont une utilisation plus pratique dans les plans où les survivants incinèrent les cadavres des Marcheurs qui ont envahi leur camp. « En fait, nous ne brûlions rien d'autre que du propane », rappelle Darrell Pritchett, le coordinateur des effets spéciaux. « Avec un peu de fumée et ce qu'on avait sous la main. Mais les corps, si vous regardez bien, ils ne brûlent pas. »

Malgré la beauté d'un tournage en décor naturel de jour comme de nuit, il y a des inconvénients incontournables. Non seulement la météo doit coopérer, mais également le monde tout autour. C'est particulièrement important quand on cherche à recréer un univers post-apocalyptique dans lequel chaque instant de la journée baigne dans un silence inquiétant. « Parfois, nous enregistrons dans des circonstances très difficiles », explique Darabont. « À certains endroits, c'était – oh, mon Dieu – le bruit. Sur les toits, par exemple, nous avons dû insérer des bruits de vents pour éliminer le son du trafic au loin. Ou pour les gens qui parlaient autour du feu de camp, les criquets devaient être en chaleur. Les insectes sont plus bruyants qu'on ne l'imagine. Quand vous regardez la série… ce n'est pas nous qui avons rajouté le bruit des criquets. Il était déjà là. »

Pourtant, ça ne fait pas reculer Darabont si ça améliore la scène. « Pour moi, ça fait partie du tissu de la réalité qui se retrouve sur la piste sonore et qu'on entend dans le film », dit-il. « Parfois, le bruit est inacceptable, comme avec des trains ou ce genre de choses. Dans ce cas, il faut réenregistrer les dialogues en postproduction. Mais j'ai tout fait pour conserver autant que possible les pistes d'origine. En général, c'est là que sont les meilleures interprétations. »

La production doit également gérer la lumière du soleil. Avec ses années d'expérience, David Tattersall est versé dans l'art d'utiliser la lumière naturelle de façon optimale. « La meilleure manière que j'ai trouvée de tourner en extérieur, c'est de filmer dans le sens des aiguilles d'une montre », explique-t-il. « Alors, il faut s'arranger pour commencer à tourner vers l'Est, puis lentement progresser dans le sens des aiguilles d'une montre, tout au long de la journée, afin de garder le contrejour. En principe, au milieu de la journée, on se tourne vers le sud, puis à l'ouest quand vient le soir. C'est un bon plan de départ. Et on garde les plans larges pour les heures où la lumière est basse et éclaire le décor de biais. »

Avec le soleil, vient la chaleur, ce qui pose problème lors du tournage de la première saison. En 2010, Atlanta enregistre l'un des étés les plus chauds de son histoire, juste au moment où la production se met en branle. « À la fin de la journée, nous n'en pouvions plus », se souvient Darabont. « À plusieurs reprises, j'ai dû porter des serviettes trempées dans l'eau glacée sur mon crâne chauve pour ne pas m'évanouir sous l'effet de la chaleur. L'humidité était assommante. Nous ruisselions de sueur dans nos vêtements pendant toute la journée. Pourtant, ça n'a pas empêché les gens d'être à leur meilleur niveau lors du tournage. »

Boyd est tout aussi enthousiaste. « Rien ne pouvait nous arrêter. Ni les éléments ni quoi que ce soit d'autre. Nous avons eu du vent et de la pluie, du tonnerre et des éclairs, de la chaleur et de l'humidité, mais nous avons toujours trouvé le moyen de tourner. Un après-midi, je me souviens avoir couru me mettre à l'abri de la foudre dans la voiture de Glenn, sur des parpaings. Certes, l'emploi du temps d'une série TV peut faire peur, mais je considère ce genre de contrainte comme une bonne chose. Les conditions étaient si difficiles lorsque nous avons tourné ces épisodes, que nous étions sur la même longueur d'onde que les personnages de la BD : au bord du gouffre. »

Natif lui-même d'Atlanta, le jeune Chandler Riggs trouve l'été étonnamment chaud. « Nous restions au frais dans le camping car. Ils avaient branché l'air conditionné », raconte Riggs. « Les équipes de la production nous tenaient des ombrelles au-dessus de la tête et les gens du maquillage nous donnaient des serviettes glacées. »

Le temps que la production passe à l'épisode 6, tout le monde a hâte de tourner en intérieur. Bien sûr, ça ne va pas sans quelques problèmes. « Il faisait tellement frais, là-dedans, que nous avons dû prendre une veste ! », se souvient Riggs.

CHAPITRE SEPT

AUTOPSIE :

EXAMENS DE LA POSTPRODUCTION

Quand la production termine le tournage d'un épisode, le travail est loin d'être terminé, particulièrement dans une série comme *The Walking Dead*. La postproduction fait intégralement partie de toute série télévisée. Les monteurs assemblent les scènes bout à bout, le compositeur et le superviseur musical ajoutent la musique, les équipes des effets visuels font des miracles avec leurs ordinateurs. *The Walking Dead* ne ressemble pas aux autres séries de genre car il n'y a pas d'effets spéciaux extravagants. En dehors de la présentation virtuelle du Dr Jenner dans l'épisode 6, il n'y a pas de simulations de cadavre comme dans les séries d'enquêtes scientifiques. En fait, dans cette série, les effets visuels sont à leur meilleur niveau quand on ne peut pas les déceler.

CI-CONTRE : Tous les diplômés de l'école des zombies n'ont pas eu à s'inquiéter de savoir marcher comme il faut. Certains ont servi de cadavres dans les décors.

Dans la BD, on dit souvent que les « effets spéciaux » sur n'importe quelle page ont la possibilité d'être infiniment supérieurs aux visuels équivalents qu'on peut créer avec un budget de série TV. Mais, dans *Walking Dead,* Tony Moore et Charlie Adlard ne dessinent pas des super-héros multicolores aux pouvoirs étincelants. Le *comic book* est volontairement cru et réaliste. Pour mieux retranscrire ça à la télévision, le tournage et la postproduction exigent une approche différente.

Une des choses qu'apprécie le plus Robert Kirkman dans l'adaptation TV de ses *comics*, c'est la manière dont on saisit l'échelle du cataclysme. Dans la BD, pour donner l'illusion d'un monde mort, ils n'ont pas besoin de fermer des rues ou de s'assurer qu'il n'y a pas de voiture qui roule à proximité. Grâce aux effets visuels en postproduction, la série TV n'en a pas besoin non plus. Comme le remarque Kirkman, « Dans la série, il y a une tonne d'effets générés par ordinateur qu'on ne soupçonne même pas. »

Des gravats supplémentaires autour de l'hôpital jusqu'aux voitures qu'on ne voit pas sur l'autoroute lorsque Rick arrive à Atlanta, Sam Nicholson, superviseur des effets visuels, doit beaucoup aux progrès des effets numériques de la dernière décennie. « C'est pour ça qu'ils sont invisibles », dit-il. « J'avais été engagé pour ça : pour qu'on ne puisse pas regarder le moindre plan de *The Walking Dead* en se disant qu'il avait été manipulé. »

C'est un abus de langage de considérer les effets visuels comme de la postproduction car leur travail commence aussi tôt que possible, dès la pré-production. Réaliser une œuvre de la qualité d'un film avec le budget et l'agenda d'une série TV, c'est un défi avec lequel l'équipe est familière. En effet, elle a aussi travaillé sur les séries *Heroes* et *24 Heures Chrono*. « Nous établissons un budget au début de la saison en disant, par exemple, "nous allons faire ça dix fois, ça va coûter tant". Et nous espérons que ça sera le cas. »

Quand les scripts arrivent, ils découvrent ce que les scénaristes ont développé à partir des conversations du début de la saison. Souvent, les visuels sont deux à trois fois plus grands que ce qui était prévu en phase de pré-production. « Ce qui est super avec Frank, c'est qu'en tant que scénariste/réalisateur, il sait comment faire évoluer le capital créatif pour que chaque service puisse fonctionner », dit Nicholson. « Il sait sur quoi il doit mettre le paquet. Mais si on lui dit "tu sais, ça va coûter très cher et on n'obtiendra pas l'explosion que tu espères. Tu veux dépenser tout ton argent ici ou en garder pour rajouter un peu de piquant dans la suite ?", en étant scénariste et réalisateur, il peut faire ce type de changement, ce qui participe à fluidifier le processus créatif. »

Ce processus n'implique pas seulement Darabont. Pour améliorer les visuels d'une scène, l'équipe des effets spéciaux doit collaborer avec les autres services pour que tout le monde soit sur la même longueur d'onde. « Cette recherche d'équilibre est indispensable », déclare David Boyd. « Nous nous écoutons les uns les autres. D'une part, je dois livrer à l'équipe des effets visuels ce dont elle a besoin pour faire ce que nous avons décidé au préalable ; d'autre part, j'ai une vue limpide de toutes les scènes que nous avons tournées car j'y étais physiquement présent et j'ai travaillé sur leurs décors. Je sais à quel point les effets visuels participent à la narration. Je sais sur quels effets il est le plus logique de dépenser son budget. L'équipe des effets visuels a réalisé un superbe ouvrage sur *Walking Dead*, en intégrant leur travail aux décors et à la photo. Elle a rendu crédible des séquences-clés. »

L'équipe des effets visuels intervient sur chaque épisode de la première saison. Sa mission est précisément de ne pas se faire remarquer. Les téléspectateurs ne doivent pas se rendre compte que les murs extérieurs du repaire de « Vatos » ne débouchent sur rien derrière. Ou que parfois, des voitures circulent à l'arrière-plan d'une scène. Mais il y a une séquence cruciale au cours de laquelle les effets visuels ne doivent pas passer inaperçus. Visuellement, c'est un des instants les plus mémorables de la série : l'explosion du Centre de Contrôle et de Prévention des Maladies dans le finale de la première saison.

La décision du groupe de se rendre au CDC et la destruction de ce dernier est une histoire entièrement propre à la série télévisée. Kirkman avoue lui-même que, lorsqu'il a écrit les premiers épisodes du *comic book*, il n'avait pas réalisé que le CDC se trouvait à Atlanta. Pour Darabont, impossible d'ignorer la coïncidence : le seul endroit au monde où les survivants ont une chance de trouver des réponses se trouve juste de l'autre côté de la ville. « Nous nous permettons ce genre de digressions, tout en suivant à l'horizon l'histoire de Robert », explique Darabont. « Sortons des sentiers balisés et allons fouiller les recoins les plus sombres de notre cerveau pour voir si on peut y piocher des idées marrantes ou horribles qui se grefferont à la mythologie de *Walking Dead*. »

La conception de l'explosion du CDC commence d'abord avec le régisseur général et l'équipe des décorateurs. Pour déterminer la manière dont l'explosion sera réalisée, le service des effets visuels a besoin de savoir avant tout à quoi ressemblera le bâtiment.

Lorsque le chef décorateur Alex Hajdu commence à travailler sur l'intérieur de l'immeuble du CDC, il attend encore le script final de l'épisode 5 et il n'a qu'un synopsis pour l'épisode 6. Ça arrive souvent à la télévision, mais ça l'oblige à développer des idées pour le décor sans savoir ce qui va s'y dérouler. Heureusement, après avoir visité l'intérieur et l'extérieur du tournage, Darabont accepte d'ajuster le script en fonction de ce dont il dispose. Pour Hajdu, la synergie entre Darabont et les réalisateurs des deux derniers épisodes a contribué à la réussite du décor.

« Quand j'ai lu le script, ça m'a fait penser à

CI-DESSUS : La rampe qui mène à la plateforme du centre de commande a été ajoutée pour que Jenner puisse faire passer un piano dans une scène qui a été coupée avant le tournage.

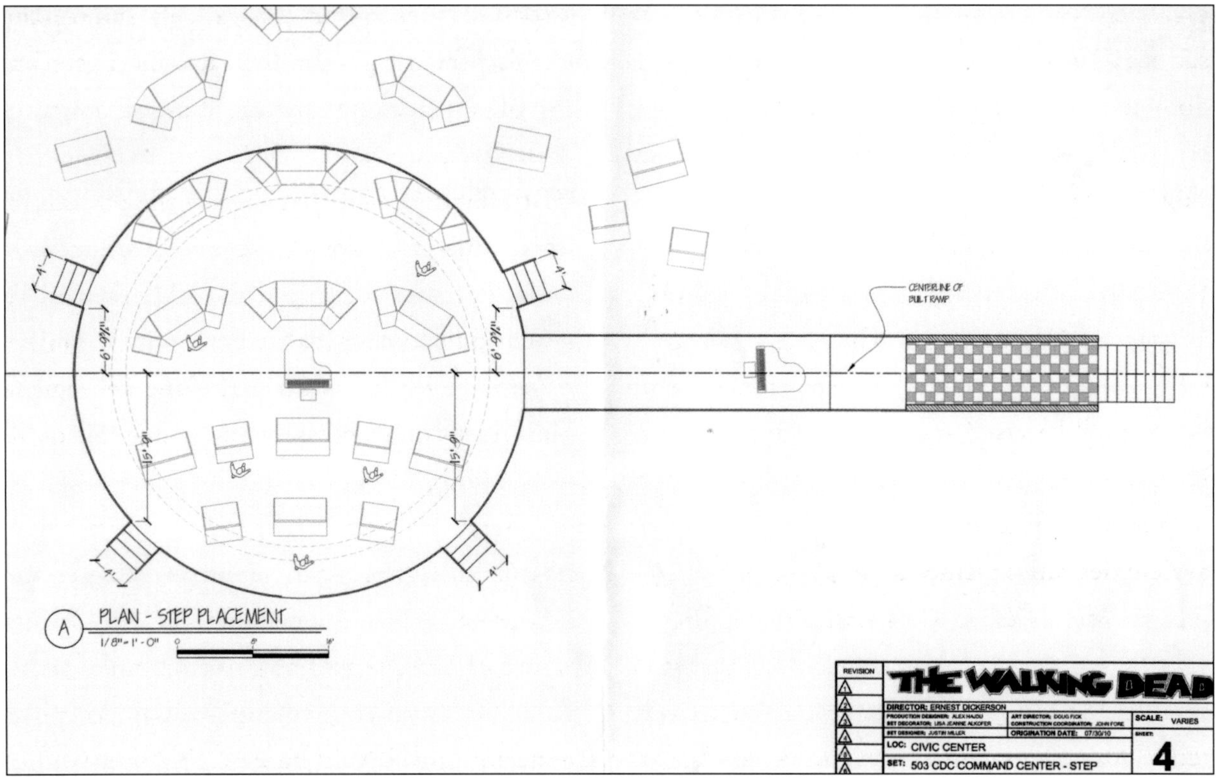

CI-DESSUS : L'un des plans de la plateforme du centre de commande du CDC, dessinés pour montrer le décor sous différents angles et différents niveaux.

la Guerre Froide, façon Kubrick », déclare Hajdu. « Bien sûr, l'image de la salle d'opérations du Docteur Folamour m'est tout de suite venue à l'esprit. Je me suis dit que rien n'illustrait mieux la futilité d'une puissante institution gouvernementale face à un problème insoluble qu'une bonne référence ciné. Pour renforcer cette futilité, je savais que j'aurais besoin d'un vaste décor. Je savais aussi que je n'aurais pas les moyens de m'offrir un décor géant comme celui de *War Games* avec un budget de télévision. Il fallait que je m'oriente vers quelque chose de plus théâtral en utilisant l'espace lui-même plutôt qu'en construisant des murs. Parfois, les limites aident à définir le style. »

Ils choisissent de tourner les scènes d'intérieur dans le Palais des Congrès d'Atlanta. « C'était spacieux et d'apparence moderne, avec un côté abstrait *hard-edge* », raconte Hajdu. « Les murs étaient gris anthracite et gris métal. Le plafond noir était muni de conduites d'aération et de rampes lumineuses. Une texture fantastique qu'on pourrait "toucher" avec de la lumière sortant du décor. Il y avait même des bureaux à l'étage et des couloirs qui serviraient lorsque les survivants s'installent dans ce lieu qu'ils croient sûr. »

Imprégné des images du *Docteur Folamour*, Hajdu part en quête d'une grande rampe d'éclairage circulaire, qui sera l'élément-phare de son décor. Il en trouve une qui mesure trois mètres de diamètre. « J'avais besoin de séparer la zone des commandes du reste de la salle », poursuit-il. « Alors, nous avons construit une plateforme elliptique d'1m20 sur 18m avec des rampes et des escaliers. Nous lui avons donné une surface noire satinée et avec l'éclairage circulaire au-dessus, ça donnait l'impression de flotter dans l'espace. J'ai couvert le sol bétonné pour renforcer la sensation d'isolement. »

Son défi suivant est de remplir la plateforme avec des tableaux de bord. Faire venir l'équipement nécessaire depuis Los Angeles s'avère prohibitif. Hajdu retourne alors dans un endroit qu'il a visité auparavant : l'ancien site de réception des appels de secours du 911 à Atlanta dispose de tout le matériel dont il a besoin. « Ils avaient des salles pleines de consoles de communication dont l'électronique avait été enlevée », se souvient-il. « Nous avons pu leur louer. Il ne nous restait plus qu'à fabriquer des faux moniteurs à partir des carcasses et ajouter des lampes et des sièges. » L'écran vidéo géant sur lequel Jenner fait sa présentation est ajouté par les effets visuels en postproduction. Les décorateurs se contentent de fournir l'armature qui soutient l'écran imaginaire.

Pour l'extérieur du CDC, l'équipe de production choisit le Cobb Energy Performing Arts Center, qu'ils utiliseront aussi pour filmer le hall d'entrée et la pièce où se situe le générateur. « Nous avons dû dissimuler une œuvre d'art géante accrochée au mur du hall d'entrée », raconte Hajdu. « Pour la recouvrir, j'ai créé un grand logo CDC flottant au-dessus d'une image satellite de la Terre, ce qui lui donnait un aspect intéressant quand il se reflétait dans les portes de verre à l'intérieur. »

Quand Hajdu reçoit les scripts définitifs des épisodes 5 et 6, il sait qu'il va devoir travailler avec un immense mur de verre et ses portes assorties. C'est pour lui un défi intéressant. « Nos personnages devaient découvrir cet immeuble en état de fermeture d'urgence, entouré de tanks, de canons et de soldats morts. Un CDC fortifié, dont l'extérieur a été envahi par les zombies mais dont l'entrée a été sécurisée », dit-il. « Eux aussi se retrouvent bloqués à l'extérieur du bâtiment. Ils sont au bout du rouleau et les zombies se rapprochent dangereusement. Mais il faut qu'ils puissent entrer une fois qu'ils ont établi le contact avec Edwin Jenner. »

Hajdu se sert de rideaux de sécurité censés descendre pour condamner l'immeuble en cas d'urgence. « Nous avons construit des façades en utilisant des portes de garage en métal, nous avons tout repeint en aluminium poli pour correspondre avec l'extérieur du Cobb », dit-il. « J'ai dessiné des schémas d'évacuation d'urgence sur les portes qui ne seraient visibles qu'une fois les portes descendues. »

Son travail joue un rôle considérable dans la conclusion fracassante de « Feux de forêt », épisode au cours duquel une des portes de sécurité s'ouvre devant Rick et les siens, leur faisant entrevoir la lumière au bout du tunnel et un espoir de salut. Mais plus tard ces portes représentent également un obstacle lors de leur fuite. « Notre dernier défi fut de faire évacuer les personnages de l'immeuble, alors que ce dernier était encore verrouillé et les rideaux de sécurité en place. Quand Frank a visité les lieux, j'ai dit qu'il y avait encore trop de verre exposé. Qu'est-ce qui allait empêcher ces pauvres gens désespérés – à qui il ne reste que quelques minutes avant que l'immeuble n'explose – de briser les vitres pour s'évader ? »

La réponse de Darabont tombe dès la version suivante du script : le verre est pare-balle, pratiquement indestructible. Les personnages doivent utiliser la grenade que Rick a ramassée en quittant le tank dans l'épisode 2. C'est la première des deux explosions du dernier épisode de la saison. Pour permettre leur évasion, la production fait appel à des fenêtriers qui remplacent l'une des baies vitrées par un panneau de Lexan (un polycarbonate pare-balle) sur lequel les comédiens vont pouvoir donner des coups de hache ou lancer des chaises sans provoquer de dégâts.

CI-DESSUS : Tourner à l'intérieur du Cobb Energy Performing Arts Center est un défi car les décorateurs ne peuvent faire que des changements minimes à la structure de départ.

CI-CONTRE : Darrell Pritchett, coordinateur des effets spéciaux, est content du bouquet final de la saison. « Je crois qu'on a réussi quelque chose qui avait l'air pas mal. »

« On ne pouvait rien faire dans cet immeuble, si ce n'est changer une fenêtre », explique le coordinateur des effets spéciaux Darrell Pritchett. « Rien d'autre. C'était un superbe complexe de luxe. Eux, ils ne voulaient surtout rien changer. Ils ne nous auraient pas laissés faire. Nous étions très heureux d'avoir un tel décor, alors tout ce que vous voyez comprend des effets visuels. »

L'explosion de la grenade est minime en comparaison de l'énorme déflagration résultant de l'autodestruction initiée par l'ordinateur du CDC qui fait exploser le bâtiment comme une gigantesque boule de feu. Avec tous les décors et les effets spéciaux en place, il ne reste plus qu'à l'équipe des effets visuels à entrer en jeu. Bien sûr, ils sont sur le coup depuis quelques semaines.

« Bien entendu, la tâche était considérable », dit Jason Sperling. « Je crois que j'ai appris que Frank voulait faire sauter un immeuble du CDC à la moitié de la première saison, mettons, pendant l'épisode 3. Donc on a eu à peu près deux semaines en pré-prod pour réfléchir au meilleur moyen d'y arriver. À son crédit, Frank avait approuvé ce magnifique bâtiment. Nous, notre défi consistait à le faire exploser de façon convaincante, choquante et dévastatrice à la fois. Nous avons travaillé main dans la main avec Darrell Pritchett pour les effets pyrotechniques et tous les éléments physiques dont nous avions besoin pour améliorer l'effondrement de l'immeuble en 3D numérique. »

« Nous avons consacré une journée à filmer des éléments dans des décors variés et dans différents états », ajoute Pritchett. « Sam et Jason ont mis la main à la pâte. Nous sommes allés dans un de leurs studios et nous avons fait brûler plein de choses de différentes façons. Ils ont ainsi obtenu de chouettes morceaux qu'ils ont pu rajouter à la fin pour que ça fonctionne. »

Après avoir enregistré des effets de flammes pendant toute une journée, ils sont encore loin du compte. Comme l'explique Sperling, « Nous obtenons un mélange de l'immeuble 3D qui explose et de ses éléments simulés. Puis, nous avons les éléments physiques que nous avons filmés, en nous alignant sur les véritables éléments qui sont censés prendre feu. Nous essayons de mêler toutes ces images pour obtenir une scène aussi frappante que possible. »

L'équipe des effets visuels prend de nombreuses photos de référence des lieux, afin de mieux représenter l'immeuble en 3D sur lequel ils vont plaquer les effets pyrotechniques. « Les modélistes 3D fabriquent une maquette virtuelle brique par brique », explique Sam Nicholson. « Puis, ils la font s'effondrer en fonction des variables dynamiques de ses matériaux. Chaque brique s'écroule et percute une autre brique. Il faut tout penser à l'envers. D'un côté, on a un immeuble totalement virtuel qui s'effondre. Et de l'autre, on a un véritable immeuble qui ne bouge pas. Les techniciens superposent le tout et on dit "ça fait image de synthèse" ou "on voit les effets". À partir de là, nous rajoutons des éléments tournés au préalable entre l'espace virtuel et le véritable espace. »

Pour rendre le plan crédible, l'équipe veut que le feu jaillisse des fenêtres et s'enroule autour du tank et des autres véhicules de façon réaliste, ce qui les ramène à leur journée de tournage pyrotechnique. « Le public doit croire au feu », dit Nicholson. « Si on ne croit pas au feu, on ne va pas croire non plus à l'immeuble. Nous avons filmé les flammes en studio avec Darrell devant un fond noir, avec des maquettes à l'échelle, des tanks, des véhicules, tout ça, sans parler des cadavres par terre. Ou ce qui les remplaçait. Nous avons projeté du feu à haute vitesse sur ces objets avec des brûleurs au propane pour obtenir cette explosion gazeuse qui s'enroule autour des corps. C'est physique. Le feu agit vraiment de cette façon, à une échelle différente et à une vitesse différente. Puis, nous avons filmé des centaines de ces éléments que les modélistes 3D ont intégrés par la suite. »

Mais le travail n'est toujours pas fini. L'explosion ne se contente pas de détruire le bâtiment et de dégager des flammes et de la fumée. L'environnement de l'immeuble réagit également. Dans le vrai monde, une explosion de cette ampleur affecterait les éléments alentour, en couchant des arbres, par exemple. « Du coup, nous avons dû en modéliser plusieurs, faire des calculs cinématiques pour les souffler, puis retourner filmer les flammes qui brûlent autour des arbres pour créer un nouvel élément. »

Il y a une dizaine d'années, ce genre d'effet aurait été réalisé en faisant exploser une maquette de l'immeuble. Ça aurait coûté plus cher et une seule tentative aurait été possible, vu que la maquette aurait été détruite dès la première prise. La production n'aurait plus eu qu'à espérer avoir suffisamment de film pour pouvoir travailler. « Aujourd'hui, ça se produit dans un environnement tridimensionnel », déclare Nicholson. « Nous pouvons le rejouer, l'ajuster, et choisir nos angles afin de perfectionner la prise. C'est une combinaison de réalité virtuelle et de réalité un peu épicée. »

Parmi les nombreux éléments à s'ajouter après le tournage, il y a la bande son musicale des scènes. Le compositeur Bear McCreary est le complément idéal de l'équipe de production de *The Walking Dead*, non seulement pour son impressionnant CV, mais aussi pour sa connaissance du matériel de départ. « Je lisais la BD avant de travailler sur la série », affirme McCreary. « Au début, ça m'a été très utile parce que j'étais très enthousiaste et je connaissais bien les personnages. Mais ça m'a aussi joué des tours parce que je pensais déjà à des complications qui n'étaient pas encore à l'ordre du jour. Je pensais au sort de certains personnages qui ne se réaliserait pas dans cet épisode ni même dans la saison, voire carrément jamais dans la série, pour ce que j'en sais. »

McCreary découvre vite que pour avancer dans son travail sur les épisodes qui l'attendent, il doit puiser dans l'enthousiasme que lui inspirent les *comics Walking Dead*, mais mettre de côté sa connaissance de l'histoire déjà publiée. « C'est une interprétation différente des personnages », explique-t-il. « Une réinterprétation. Et j'écris la musique de la série TV, pas des *comics*. Du coup, c'était intéressant. Je ne m'attendais pas à rencontrer ce problème mais je me suis rendu compte qu'avant de pouvoir démarrer, j'avais besoin de me concentrer exclusivement sur la série TV et pas sur l'histoire que je connaissais. Ça ne m'aidait pas pour l'épisode pilote ou les six épisodes qu'on a tournés. »

Certaines séries télévisées se reposent beaucoup sur la musique pour interpréter l'action et les personnages, avec des grands orchestres ou un accompagnement musical original qui raconte une histoire par lui-même, en plus de l'intrigue. *The Walking Dead* part dans une direction différente avec une approche minimaliste de l'utilisation de la musique, décidée au départ par le compositeur et les producteurs délégués. « J'ai une règle simple : si la scène n'a pas besoin de musique, il ne faut pas en mettre », déclare McCreary. « J'approche toutes mes bandes son avec le même état d'esprit. Si vous regardez certains épisodes de *Battlestar Galactica* ou de *Terminator : Les Chroniques de Sarah Connor*, vous remarquez une approche similaire. Avec *The Walking Dead*, Frank Darabont et moi étions sur la même longueur d'onde depuis le début. La série a toujours été pensée comme ne comportant que très peu de musique. »

Le choix d'un accompagnement minimaliste est fait pour des raisons de développement de personnage autant que pour des raisons narratives. Chaque fois que c'est possible, McCreary préfère laisser la performance des comédiens raconter leur histoire. Mais d'un point de vue narratif, l'accompagnement musical – ou son absence – participe à la mise en place de l'ambiance post-apocalyptique de la série. « Dans une série comme *The Walking Dead*, qui se concentre sur l'horreur, l'action, le suspense et la terreur, les gens sous-estiment l'importance du silence dans cette équation », dit-il. « Nous nous retrouvons dans un monde sans téléphone portable. Sans radio. Sans avion, sans train ni bus. C'est un monde très calme. C'est ce que nous voulons mettre en avant. »

Lors de leurs toutes premières rencontres, McCreary, Hurd et Darabont discutent longtemps à propos du silence. « L'idée, c'est que le monde dans lequel ils vivent est silencieux », dit-il. « Alors, si on entend de la musique et des nappes d'ambiance durant tout l'épisode, ça nuit [.../...]

ÉPISODE 6 : « SUJET-TEST 19 »

Écrit par Adam Fierro et Frank Darabont
Réalisé par Guy Ferland

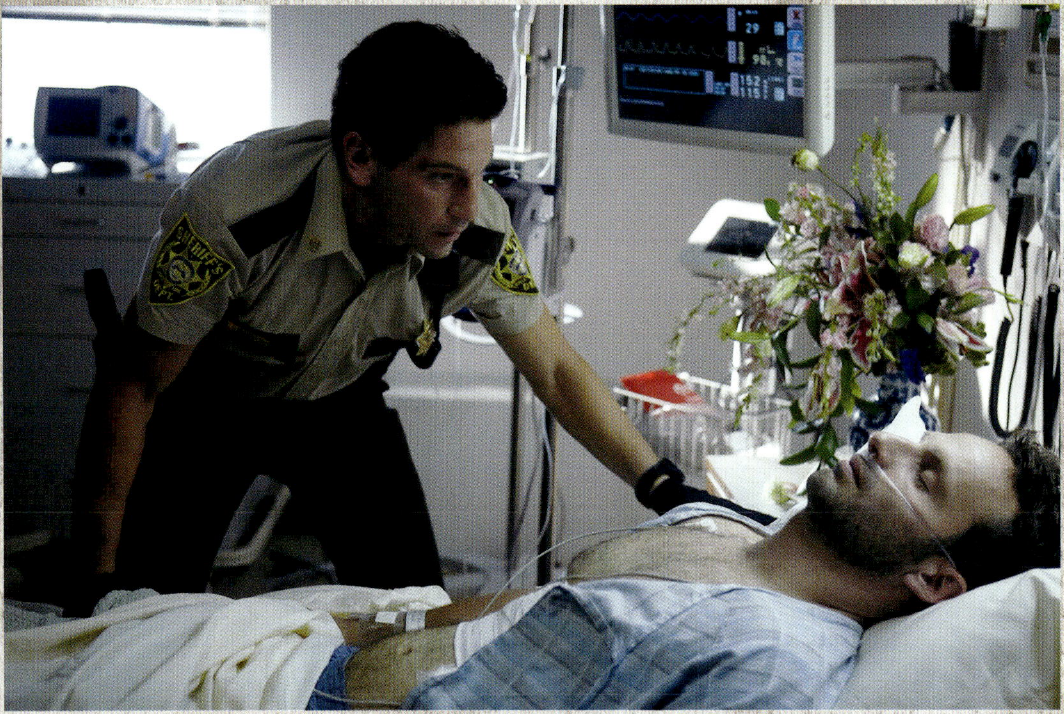

RICK : Il y a toujours de l'espoir. Si c'est pas ici, ce sera ailleurs. Mais il y a forcément quelqu'un qui peut nous aider…

SYNOPSIS: Un flash-back dévoile l'instant terrible où les Rôdeurs ont envahi l'hôpital où Rick était dans le coma. Shane doit prendre la difficile décision de l'abandonner derrière lui. Aujourd'hui, Rick mène le petit groupe de survivants à l'intérieur du CDC où ils rencontrent le dernier chercheur encore en vie. Avant de leur permettre de s'installer, le Dr Edwin Jenner insiste pour soumettre les nouveaux arrivants à une prise de sang afin de s'assurer qu'ils ne sont pas infectés.

Tandis qu'ils descendent dans le bunker souterrain, l'ordinateur verrouille le bâtiment et coupe l'alimentation des niveaux supérieurs. Après les tests sanguins, ils fêtent leur survie avec un repas copieusement arrosé. Shane casse l'ambiance en demandant où sont passés tous les autres chercheurs. C'est au CDC qu'ils étaient censés trouver un remède. C'était leur dernière chance.

Jenner raconte le chaos qui s'est emparé du CDC au début de l'épidémie. Certains se sont enfuis. D'autres se sont suicidés. Seul Jenner est resté pour continuer ses recherches.

Le docteur fait visiter à ses invités une section du bâtiment dont l'alimentation fonctionne encore. Tandis que le groupe fait sa toilette, Dale entend Andrea vomir dans les toilettes. Ce n'est pas l'alcool qui la met dans cet état. Ce sont les révélations de Jenner : il n'y a plus aucun espoir.

Dans un moment d'intimité, Shane tente de convaincre Lori qu'il était vraiment convaincu que Rick était mort lorsqu'il l'a persuadée d'abandonner son domicile. Il lui dit qu'il aurait volontiers échangé sa place avec Rick, à l'époque, tout comme maintenant. Il lui avoue son amour et tente de lui arracher le sien. Il se fait de plus en plus agressif, forçant Lori à le gifler. Il en retire des traces de griffes dans le cou.

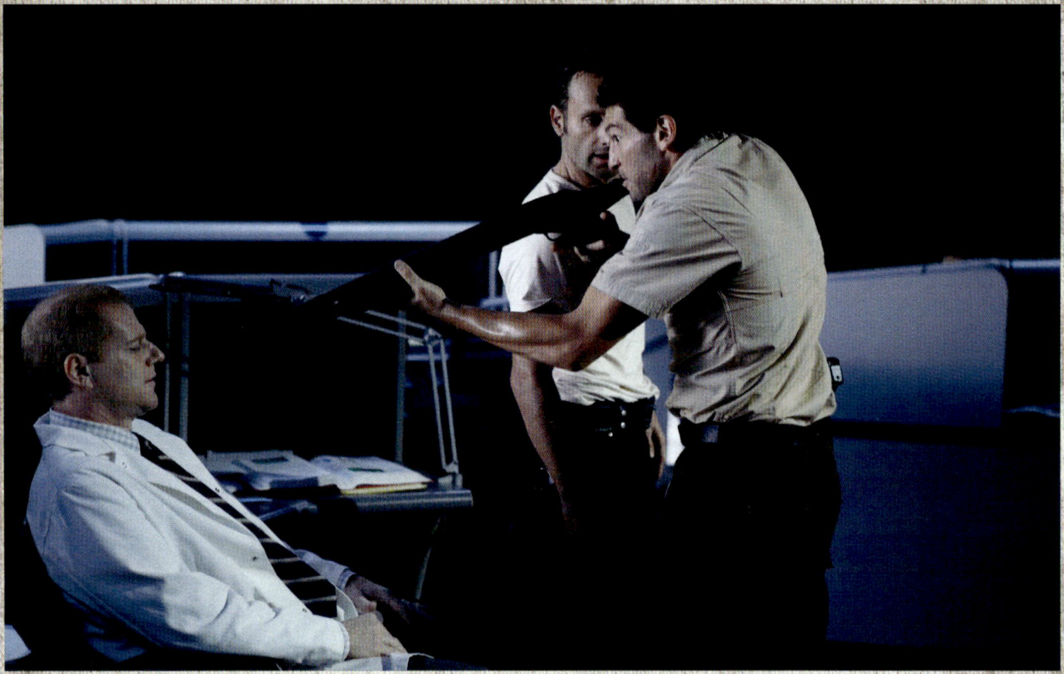

Le lendemain matin, tout le monde regrette d'avoir trop bu, surtout Shane. Jenner jette un froid quand il explique ce qui a provoqué l'épidémie. Le docteur illustre son récit en projetant le plan de coupe d'un corps infecté : le sujet-test 19. Quand cette personne a été infectée, les synapses de son cerveau se sont éteintes, provoquant sa mort. Plus tard, les synapses redémarrent dans le tronc cérébral alors que le sujet-test est mort.

La vidéo se poursuit jusqu'à ce que Jenner abatte le patient d'une balle dans la tête pour prévenir son réveil. D'après Jenner, le CDC ignore ce qui a provoqué la pandémie. Il y a peut-être d'autres centres de recherches qui étudient encore la question, mais il n'en sait rien car il n'a plus de réseau depuis un mois. Cependant, ils ont un problème plus urgent à régler. L'ordinateur a déclenché un compte à rebours : quand l'installation n'aura plus de courant, elle procédera à une décontamination qui détruira

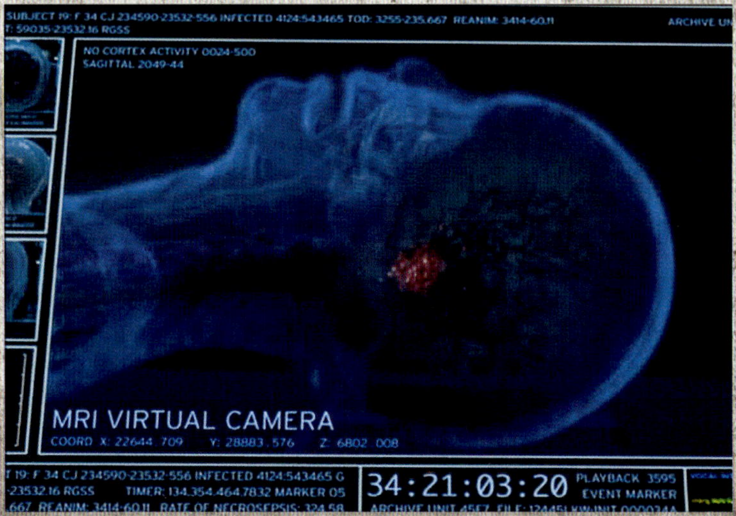

l'immeuble et tous les dangers qu'il contient. Les portes sont verrouillées, comme Jenner l'a annoncé quand il les a accueillis. Dans trente minutes, c'est la fin.

Jenner est prêt à mourir. Le Sujet-Test 19 était son épouse, à qui il avait promis qu'il continuerait à chercher un remède aussi longtemps qu'il le pourrait. À présent que la fin est proche, il accueille l'explosion à bras ouverts et ne comprend pas pourquoi les autres n'en font pas autant. Rick tente de convaincre Jenner de les laisser partir. Ce dernier cède en ouvrant les portes du sous-sol.

Malgré tout, Jacqui et Andrea refusent de partir. Elles préfèrent la mort à ce qui les attend dehors. Alors que tout le monde se rue vers le rez-de-chaussée, Dale reste derrière avec Andrea pour la persuader qu'il ne peut pas vivre sans elle. Au moment de leur départ, Jenner murmure quelque chose à l'oreille de Rick. C'est un choc pour Rick, mais il n'y a plus le temps de discuter.

Rick et les autres tentent désespérément de sortir du bâtiment, lançant tout ce qu'ils peuvent contre les vitres pare-balles. Carol surprend tout le monde en sortant une grenade de son sac, qu'elle a ramassée dans les vêtements de Rick en faisant la lessive. Rick l'avait prise à un soldat mort dans le tank où il s'était réfugié quand il s'est fait attaquer dans les rues d'Atlanta. L'explosion de la grenade brise la vitre, leur permettant de s'échapper. Dale et Andrea abandonnent l'immeuble juste avant qu'il n'explose. Tandis que les débris retombent, les survivants repartent en quête d'un abri sûr.

CI-DESSUS : Les bureaux du Palais des Congrès permettent à Jenner de s'isoler des autres survivants.

[.../...] à cet effet. On perd un des éléments qui rend ce monde si inquiétant : le silence. »

En concevant la série ainsi dès le départ, le compositeur sait précisément quand la musique doit intervenir pour atteindre un objectif bien précis. « Au final, l'absence de musique est très efficace pour nous faire peur », poursuit-il. « Elle nous terrorise tout en nous informant sur le genre de monde où vivent les personnages. Je trouvais ça très séduisant. »

McCreary se réjouit de jouer sur la corde horrifique de la série. Il sait qu'il a besoin d'éviter une approche trop traditionnelle pour une telle bande son, car le public s'est habitué à ce type d'effets. Comme l'explique McCreary, « Musicalement, l'horreur est un genre qui a beaucoup évolué, ces trente dernières années et je crois que le public est arrivé à saturation. Ce que je veux dire par-là, c'est que même quelqu'un qui n'est pas un spécialiste du genre connaît déjà les ficelles de la musique. L'horreur nous a laissé un héritage musical très puissant. »

Il cite des films qui ont réinventé le genre comme *Les Dents de la Mer, La Malédiction, Shining* et les bandes originales des films de John Carpenter qui ont imprimé un ton qui n'a fait que s'amplifier avec les années. « Tout au long des années 80 et 90, ces mêmes techniques orchestrales ont commencé à devenir de plus en plus lourdes et, au bout du compte, je crois que le public s'est accoutumé », dit-il. « Aujourd'hui, l'horreur est un genre très difficile à accompagner musicalement. Qu'est-ce qui fait peur dans une musique ? À moins d'avoir quatre ans, vous avez probablement déjà entendu toutes les techniques orchestrales qu'un compositeur a dans sa manche. »

Darabont et McCreary consacrent beaucoup de temps à trouver le moyen de contourner les attentes des téléspectateurs. McCreary pense que tous les genres musicaux, notamment la musique d'horreur, s'appuient sur ce que le public a écouté jusque-là. Si une musique subtile et inquiétante accompagne une scène, la méthode traditionnelle pour rendre cette scène encore plus terrifiante est de tout simplement monter le son de la musique. « En maintenant de longues périodes de *The Walking Dead* sans musique », dit-il, « nous éliminons ce problème. Ce qui se passe, c'est qu'il n'y a pas de musique. Du coup, si on veut faire peur, tout ce qu'on a à faire, c'est d'en mettre. Pas besoin qu'elle soit forte parce qu'il n'y en a pas au départ. N'importe quelle musique est toujours plus forte que pas de musique. »

Cette approche permet au compositeur d'utiliser des mouvements très subtils pour obtenir un impact bien plus grand. « La bande originale de *The Walking Dead* est assez courte », avoue-t-il. « Elle est jouée par un tout petit orchestre – pas plus de dix musiciens – avec un son très intime. Mais à l'écran, c'est diablement efficace parce que ça intervient après de longues périodes de silence. Au lieu de passer la bande plus fort, de la rendre plus agressive ou plus dissonante que ce qu'on entend dans les films de cinéma depuis des décennies, nous avons fait le choix opposé. Nous l'avons jouée moins fort. Ça la fait mieux ressortir. Ça la différencie des musiques auxquelles le public s'attend. »

Autre sujet important abordé lors des premiers rendez-vous de McCreary avec les producteurs délégués : l'endroit où se déroulera la série. Le fait que l'histoire se déroule dans le Sud Américain permet au compositeur d'opter pour un ton spécifique et d'utiliser des instruments originaux. « J'ai toujours aimé utiliser des instruments qui sortent de l'ordinaire dans mes projets », dit-il. « J'aime trouver un groupe de musiciens pour représenter ce projet. Pour *The Walking Dead*, c'est assez simple. Le décor de l'histoire est riche d'un héritage musical dans lequel puiser. Ce serait idiot de ne *pas* s'en servir. Mais c'est aussi un défi parce que la musique qui vient de cette région ne correspond pas forcément au ton de la série. Pas question que la bande son ressemble à du blues, du bluegrass ou du zarico mais nous avons puisé des éléments dans chacun de ces styles. Mon travail a ensuite consisté à distordre, à manipuler et à modifier ces éléments pour qu'ils deviennent virtuellement méconnaissables pour un auditeur non averti. »

Il n'y a pas de meilleur exemple que l'inclusion d'un banjo électrique joué par Steve Bartek, le guitariste soliste du groupe de rock

CI-DESSUS : Le compositeur préfère laisser les personnages s'exprimer par eux-mêmes plutôt que de s'appuyer sur un thème spécifique à chaque personnage pour les définir *via* la musique.

culte Oingo Boingo. McCreary travaille avec Bartek sur de nombreux projets et tous les deux consacrent du temps à la recherche de ce son. Ils filtrent la musique du banjo électrique à travers une pédale de distorsion et des processeurs d'effets pour créer un son qui ne ressemble plus du tout à l'instrument. Ils obtiennent ainsi un son qu'ils peuvent utiliser, même s'il est loin d'être prêt à l'usage.

« J'avais vraiment besoin d'avoir Steve comme musicien, pour l'ambiance de la série », ajoute McCreary. « Je lui faisais jouer des licks de banjo sur certaines scènes à suspense et ça sonnait trop bien parce que c'est un excellent guitariste. Alors, je lui ai demandé de se prendre pour un joueur de banjo qui s'est fait mordre et qui s'est changé en zombie. Je lui ai dit de fermer les yeux et d'imaginer qu'à son réveil, il serait un mort-vivant, sauf qu'il aurait toujours son banjo en bandoulière. Ses mains putréfiées attraperaient son instrument et commenceraient à gratter les cordes à cause de la mémoire musculaire, car son cerveau ne fonctionnerait plus. Je lui ai demandé "ça sonne comment ?" Il y a réfléchi et il a joué du banjo. C'était parfait. C'est ce son que vous entendez sur toute la B.O. »

Au-delà du banjo électrique, McCreary gonfle sa musique avec de l'autoharpe et de la dulcimer des Appalaches, deux instruments qu'on associe souvent à la musique folk. « J'aime bien leur timbre mais l'accord n'est pas si plaisant », dit-il. « C'est impossible de créer une musique dissonante et angulaire avec eux sans les désaccorder sérieusement. Nous avons trouvé des vieilles autoharpes irréparables et nous les avons désaccordées encore plus pour

CI-DESSUS : La situation géographique sudiste du *comic book* et de la série TV a inspiré de nombreux choix musicaux dans les épisodes.

CI-CONTRE : Les éléments dramatiques de la série ne correspondent pas aux rythmes enjoués de la musique du Sud, mais McCreary filtre ces sons et les transforme pour la gravité des scènes.

obtenir des sons grinçants horriblement aigus. C'est à peine si on perçoit l'aigu. À tel point que ça en devient un instrument de percussion... Ça génère un bruit terrifiant qui est apparenté à la musique folk. C'est comme si la musique elle-même était zombifiée. Ça sonne comme si le bluegrass, la folk, la country-western et le zarico étaient sortis de la tombe. Pour moi, c'était très drôle, d'un point de vue intellectuel et conceptuel, d'arriver à penser la musique en ces termes. Il y a très peu de projets dans lesquels j'aurai eu la liberté de faire ça. »

DEPT.

CHAPITRE HUIT

SORTEZ VOS MORTS :

VENDRE LA SÉRIE

Le pilote de quatre-vingt-dix minutes doit être diffusé pour la première fois aux États-Unis le 30 octobre 2010, dans le cadre du créneau Fearfest, le programme “spécial Halloween” d’AMC. Les lecteurs de la BD n’en peuvent plus d’attendre depuis l’annonce de la série, mais la chaîne a besoin de capitaliser sur le bouche-à-oreille pour promouvoir l’émission auprès des téléspectateurs potentiels qui ne connaissent peut-être pas les *comics*. Alors que *The Walking Dead* était encore en cours de tournage, AMC a lancé son offensive mercatique.

L'image de la principale campagne publicitaire montre Rick qui entre à Atlanta à cheval. Elle est tirée d'une courte scène de l'épisode pilote qui incarne à la perfection le thème de la série, tant pour les fans du *comic book* que pour les non initiés. « Je dois dire que c'était très bien joué de la part d'AMC », souligne Robert Kirkman. « Je craignais, pendant qu'ils préparaient la série, qu'ils utilisent des zombies dans le marketing. Je crois que le charme de la série, c'est qu'on s'attarde sur les personnages avant tout. Si le marketing n'avait donné que dans le “hé, y a un zombie qui va te croquer”, ça aurait été dommage. Prendre un mec à cheval qui rentre dans Atlanta – sans qu'on puisse repérer le moindre zombie, c'est-à-dire qu'on a juste une personne devant la fin du monde – c'était très malin de la part d'AMC. Je pense que ça a dû donner envie à beaucoup de monde de découvrir la série. »

Pour Gale Anne Hurd aussi, cette image est la bonne, à la fois pour l'épisode et pour le marketing. « Le pilote, c'est l'odyssée d'un homme seul », dit-elle. « Il y a presque un côté western là-dedans : le shérif solitaire entre en ville, en territoire hostile. Et pourtant, c'est une histoire des plus contemporaine. Cette image est tellement iconique. On comprend tout de suite qu'il s'est passé quelque chose de terrible. Des voitures et des bus alignés, brûlés, arrêtés, détruits. On aperçoit des immeubles endommagés. Qu'est-ce qu'on fait dans un monde pareil ? Eh bien, en l'occurrence, avec aussi peu d'essence, on retourne au monde d'avant le numérique. D'avant tout ce sur quoi on compte aujourd'hui. Plus d'internet, plus de véhicules ni d'autres moyens de transport. Cette simple image disait tout ça. Le shérif arrive en ville et il est tout seul. Pas besoin de zombies. »

CI-DESSUS : Le représentant de la loi, solitaire, pénètre à Atlanta à cheval dans le numéro 2, page 9, case 1.

CI-DESSUS : L'équipe des effets visuels combine plusieurs images différentes en une seule image composite de Rick qui entre à cheval dans Atlanta.

PAGE 188 : L'équipe marketing d'AMC adapte ce qu'ils ont à l'écran, améliorant l'image pour souligner la désolation qui règne dans la série.

Pour faire passer de la page à l'écran le dessin de Rick arrivant à Atlanta, il faudra un gros travail d'effets visuels. Bien qu'il n'apparaisse à l'écran que quelques secondes dans l'épisode pilote, ce moment est suffisamment important dans l'ensemble de la série pour justifier le temps, les efforts et les effets visuels impliqués dans la création de cette scène.

Jason Sperling qui est déjà fan du *comic book* avant de travailler sur la série, comprend l'importance de bien saisir cette image. C'est un sacré défi pour l'équipe des effets visuels, car elle se compose de nombreux éléments séparés. « Nous avons travaillé main dans la main avec le service de *matte painting* pour extrapoler à partir de la case de la BD », explique Sterling. « Nous avons rajouté plein de petites touches pour donner un côté plus réaliste à la scène. Pour qu'elle vous touche de plein fouet. Des nuages, des oiseaux à l'horizon qui font des cercles au-dessus de ce qui fera leur dîner. L'isolement de Rick lui-même, face aux gratte-ciel. Tout ça représente bien ce que sera la série *The Walking Dead* : des humains isolés dans ce monde nouveau. »

Sam Nicholson décrit les images comme un gigantesque collage, mélangé à des *matte paintings*. Il détaille quelques éléments : « Nous avons filmé Rick dans un parking pour obtenir le bon angle, mais il est juste sur du béton. Lui, c'est un élément. Puis, nous sommes allés filmer l'autoroute – qui, bien sûr, comportait de nombreuses voitures – avec des appareils photo et des caméras à captation de mouvement. Voilà un autre élément. Puis, nous avons filmé les immeubles, ce qui fait un élément supplémentaire. Le ciel, encore un élément. Les oiseaux, un autre élément. »

Nicholson et Sperling félicitent la vision artistique de Frank Darabont qui a donné de l'unité à cette scène avec très peu de complication. « Il s'exprime très bien et ses commentaires sont très précis », déclare Nicholson. « Il a une idée précise de ce qu'il veut obtenir. En tant qu'artistes visuels, ça nous permet de nous concentrer sur le résultat final plutôt que d'errer dans telle ou telle direction et de se retrouver avec soixante-dix révisions pour un plan. Celui-là, nous avons dû le refaire une quarantaine ou une cinquantaine de fois. Mais à chaque session, on se dit "les oiseaux attirent trop l'attention, poussons-les dans l'arrière-plan" ou "les oiseaux viennent trop vers nous, il faut qu'ils se déplacent dans la profondeur". Parfois, c'est une question de perspective artistique. Parfois, il s'agit de déterminer où va l'œil dans l'image. Tout ce qui le distrait – même le moindre détritus qui traîne sur la route – est filmé séparément devant un écran vert, avant d'être intégré. Quand on regarde le plan, on se dit "est-ce qu'il y a trop de détritus ? Est-ce que ça détourne l'attention de Rick ? Où va l'œil ?" C'est comme un exercice visuel. »

Nicholson pense qu'ils ont dû voir ce plan cinq cents fois avec une cinquantaine de personnes impliquées à chaque fois. « Ça fait des milliers de paires d'yeux qui regardent ça encore et encore et qui se demandent "Où va l'œil ? À quoi sert ce plan ? Est-ce qu'il raconte une histoire ? Est-ce que le plan lui-même a un début, un milieu et une fin ?" Comme un bon script, un plan bien conçu doit avoir un début, un milieu et une fin. Et il doit raconter une histoire. Il doit soutenir l'histoire. Si on parvient à faire tout ça, on obtient une image iconique qui incarne toute la série. C'est un plan très réussi. Et nous en sommes très contents. »

AMC aussi est très content de ce plan et utilise cette image pour créer ses affiches promotionnelles. Linda Schupack, vice-présidente senior du marketing d'AMC, explique : « Pour nos publicités, nous cherchons à promouvoir une image iconique qui parle des thèmes et de l'histoire de la série. Là, Rick pénètre à cheval dans Atlanta *via* une autoroute déserte, tandis que des voitures abandonnées bloquent la voie en sens inverse. Ça transmet l'idée de la survie et nous interroge : comment s'accrocher à son humanité après l'apocalypse zombie ? La palette de couleur instaure aussi une ambiance maussade. »

Si le visuel promo principal ne contient pas le moindre zombie, la campagne n'en reste pas là. AMC sait que pour séduire les fans du genre, ils vont devoir dévoiler les zombies de *The Walking Dead*. D'un point de vue pratique, il y a déjà la puissante aguiche avec les portes cadenassées de l'hôpital, barbouillées d'un avertissement à propos des morts à l'intérieur. Là encore, c'est une image qui s'appuie sur les dessins du *comic book*. Dans les publicités, les portes s'entrebâillent, tandis que les zombies font pression de l'autre côté. Les créatures elles-mêmes seront dévoilées durant la promotion, juste ce qu'il faut pour ne pas détourner l'attention du point de vue humain de la série.

« Nos équipes marketing ont mis en place et exécuté une stratégie bien pensée, ciblant les amateurs du genre, ainsi que le public plus large des séries télévisées classiques », explique Charlie Collier, président d'AMC. « Nous n'avons jamais douté que le "fan de zombie" aurait quelque chose à se mettre sous la dent (désolé !) mais le coup de génie du marketing a été de s'assurer que ceux qui ne regardent pas les zombies et apprécient les histoires captivantes sur le thème de

CI-CONTRE : Visuel promotionnel de la série utilisant l'imagerie zombie. Ces publicités seront moins utilisées que l'image de Rick entrant dans Atlanta à cheval.

DON'T OPEN
DEAD INSIDE
THE WALKING DEAD
A NEW ORIGINAL SERIES COMING THIS OCTOBER
amc
amcthewalkingdead.com

la survie, soient également intéressés par cette série. Pour le lancement du pilote, nous avons tout mis en œuvre pour annoncer qu'une soirée spéciale se préparait sur AMC pour Halloween, touchant du fan pur et dur qui va dans les festivals jusqu'au téléspectateur occasionnel. »

Les coureurs de festivals ne sont pas en reste. La convention annuelle de San Diego attire approximativement 125 000 fans par jour. Elle est devenue un rendez-vous phare pour les éditeurs de *comics*, comme pour les studios de cinéma et les réseaux télévisés qui veulent présenter leurs produits à une cible privilégiée. En tant que série TV adaptant un *comic book* à succès, il était impératif que *The Walking Dead* frappe fort à la convention de 2010. Elle n'a pas raté son coup. Schupack pense que leur présence à la Comic-Con a joué un rôle majeur dans le marketing de la série. « Nous voulions mettre le feu à ces fans hyper-passionnés pour qu'ils soient enthousiasmés par ce qu'ils voient, puis, petit à petit, élargir nos efforts marketing. »

« J'ai trouvé que l'opération durant la Comic-Con était super », déclare le producteur délégué David Alpert. « C'est l'armée des fidèles. La légion des ultras. À dire vrai, c'est de là que nous venons, avec Robert. C'est notre passion, notre culture – pour Robert bien plus que moi, bien entendu – c'est sincère. Rien ne vaut l'amour d'un geek. Voir la réaction des gens. Ils étaient là parce qu'ils avaient lu les *comics*. Ils les avaient aimés. Et ils étaient là parce que… c'était fait pour eux, par l'un d'entre eux. »

Durant les quatre jours du week-end, Kirkman participe à trois conférences dédiées à *Walking Dead* et à ses autres bandes dessinées. Des trois, la conférence qui traite spécifiquement de la nouvelle série TV (et pour laquelle il partage l'estrade avec les comédiens et les autres producteurs) est l'un des événements les plus populaires du week-end. Ayant collaboré avec Kirkman sur la partie affaires de la série depuis des années, Alpert se réjouit particulièrement de l'accueil des fans.

« Il y a une quantité de séries et de films qui sont formatés et manipulés pour viser intentionnellement un certain public », regrette Alpert. « Mais là, ils savaient que ça serait différent. Grâce aux gens impliqués, grâce aux grands noms et grâce aussi au *comic book*. Un tel enthousiasme, alors qu'aucun extrait n'avait encore filtré… Nous avons rempli la salle en deux secondes, rien que parce qu'on tournait la série. C'est incroyable. »

La présence d'AMC sur la convention ne se limite pas à cette conférence. Le stand qu'ils installent dans le hall principal est l'une des principales attractions du festival. La chaîne n'a reculé devant aucune limite pour sa présentation. Elle a même installé le décor de la ferme où Rick tombe sur une famille qui s'est suicidée plutôt que d'endurer l'apocalypse zombie.

« C'est la scène de la ferme que nous avons tournée en premier », dit Greg Melton, le chef décorateur. « Nous nous sommes servis d'une vraie ferme à Mansfield, en Géorgie. Elle était très bien pour que Rick passe devant ses fenêtres et fasse sa macabre découverte. Nous avons redécoré le salon et ajouté des taches de sang sur le mur. Nous tournions encore quand on m'a demandé de recréer la scène pour la Comic-Con. Nous avons expédié tout le décor à San Diego, avec des échantillons de peinture. »

CI-DESSUS ET PAGES SUIVANTES : L'intérieur de la ferme du numéro 2 a été recréée dans la série, puis des morceaux du décor ont été envoyés à la Comic-Con de San Diego en démonstration.

« Nous voulions permettre aux gens "d'entrer" dans l'univers de *The Walking Dead* », explique Schupack. « Nous avons créé un tableau qui, au premier abord, semblait familier. Puis, on remarquait que le monde avait basculé. Nous avons travaillé avec l'équipe de *Walking Dead* pour reproduire la scène et Greg Nicotero nous a fourni le "fermier mort" et sa femme, tirés du pilote. L'accueil que nous avons reçu – au niveau de la conférence avec les acteurs, Frank, Gale et Robert, des opérations zombies et de notre stand – était si positif que nous avons tout de suite su que nous étions partis pour une sacrée aventure. »

Heureusement, San Diego n'est pas la seule ville à accueillir un festival de BD et les comédiens et l'équipe du tournage sont apparus sur diverses manifestations, tout au long de l'année. C'est une expérience qui a beaucoup plu à Chandler Riggs. « Nous avons vu des costumes formidables dans les salons. On nous a beaucoup interviewés », dit-il. « Tout le monde est très gentil. Certains dessinateurs m'ont même offert mon portrait. Signer des autographes, entendre l'avis des gens sur la série, se promener dans les allées des conventions, c'est génial ! »

L'acteur Steven Yeun apprécie lui aussi la tournée des festivals. Le comédien regrette de n'avoir jamais pu aller à la San Diego Comic-Con avant le lancement de la série, mais il n'a pas l'intention de rater les prochaines opportunités. « Les fans sont super », dit-il. « Ils sont si enthousiastes à propos de la série. Ça fait chaud au cœur. Les conventions aussi, c'est super. On peut parler directement aux gens grâce auxquels on passe à la télévision. »

PLEASE
FORGIVE
US
MAXWELL HOUSE
PREMIUM
amc

Alors qu'approche la date de la première diffusion, une ultime opération de marketing viral intervient sous la forme d'une invasion mondiale de zombies.

Pour fêter la sortie prochaine de la série aux États-Unis et à l'étranger, AMC collabore avec Fox International pour mettre en scène une foule éclair de zombies dans vingt-six grandes villes à travers la planète. D'après la chaîne, c'est la première fois qu'un événement de ce type se produit à une telle échelle. Sous l'objectif des photographes et des vidéastes, les morts-vivants déferlent sur les villes du monde entier. Leurs activités sont soigneusement chorégraphiées et planifiées de sorte que les premières vidéos apparaissent sur internet au fur et à mesure de la contagion zombie. L'événement commence au petit matin dans chaque ville pour signifier l'aube de l'apocalypse zombie tout en profitant de la présence des usagers des transports en commun. Grâce au téléchargement des vidéos en ligne, les gens pouvaient suivre la progression de l'épidémie à travers les différents fuseaux horaires.

« Nous avons adoré la mondialisation des zombies », dit Schupack. « Nous avons collaboré de très près avec Fox International, notre distributeur à l'étranger. Nous avons lancé la contamination à partir de Taipei et Hong Kong, et elle a pris fin à Los Angeles pour la première d'AMC. Sur chaque marché, nous avions des photographes et des cameramen qui téléchargeaient aussi vite que possible les images qui représentaient le mieux l'invasion dans leur ville, que ce soit à Londres, Istanbul, Madrid, Rome, Athènes, Belgrade, Johannesburg ou Buenos Aires. Cette promotion a posé les bases qui ont permis à *The Walking Dead* de devenir un phénomène planétaire. »

La Première américaine de la série est le programme vedette de l'émission spéciale Halloween d'AMC. Collier explique : « Chaque année, depuis quatorze ans, l'un des événements cinéma les plus regardés de la chaîne est notre hommage de deux semaines aux meilleurs films d'horreur. À chaque Halloween, AMC organise Fearfest, un festival virtuel du film fantastique, à l'antenne et en ligne. Le dimanche 31 octobre 2010, cet événement, ainsi que – bien entendu – l'incontournable rendez-vous pop-culturel qu'est Halloween, servent de rampe de lancement à la série d'AMC, *The Walking Dead*.

La première diffusion du pilote obtient la meilleure audience d'AMC de tous les temps, drainant 5,3 millions de téléspectateurs. *The Walking Dead* deviendra par la suite la série de 2010 la plus regardée du câble parmi les adultes de 18 à 49 ans. La série est également un succès critique. Elle est citée plusieurs fois pour de multiples récompenses et elle est désignée parmi les dix meilleures émissions de télévision de 2010 par l'American Film Institute. Joel Stillerman, vice-président sénior des programmes originaux, de la production et du contenu digital, est fier du succès de la série qui transcende les statistiques démographiques. « C'est devenu une espèce d'événement que personne ne voulait rater », raconte-t-il. « *The Walking Dead* a laissé une empreinte culturelle et, pour nous, c'est tout aussi important que l'audience. »

C'EST PARFAIT.
ON EST CHEZ NOUS.

À SUIVRE…

CI-DESSUS : Comme dans le deuxième arc de la série de *comics*, la deuxième saison de *The Walking Dead* va retrouver les survivants sur la route, en quête d'un abri sûr.

Tandis que les flammes et la fumée s'élèvent des ruines de l'immeuble du CDC à la fin de la saison 1, Rick, Lori et le reste des survivants roulent vers une destination inconnue. Si, évidemment, ces personnages n'ont aucune idée de ce qui les attend, le public a déjà quelques indices, selon la fidélité avec laquelle la série TV suivra le matériel source dans la deuxième saison et au-delà. Comme l'a dit Frank Darabont, les scénaristes suivront la voie initiée par Robert Kirkman, mais en bifurquant de temps en temps pour explorer de nouvelles lignes narratives et rencontrer de nouveaux personnages. Cependant, pas moyen d'en apprendre davantage à propos de la deuxième saison : l'équipe de production sera muette comme une tombe… à part pour donner quelques indices !

FRANK DARABONT: Il y aura des scènes avec des zombies. Des zombies qui traversent des portes. Il y aura ce genre de scènes et aussi des têtes qui explosent, mais ce n'est pas à ça que je pense à propos de la deuxième saison. Je pense aux personnages. Je pense à ces gens. Qu'est-ce qu'ils vont traverser ? Andrea a perdu un être cher. Qu'est-ce que ça implique pour elle ? Et sa relation avec cet homme qui représente un peu une figure paternelle pour elle ?

GALE ANNE HURD: Rick – comme on l'a vu dans la première saison et comme on le verra davantage dans la deuxième – va devoir prendre des décisions très, très difficiles. Il devra faire ce qu'il estime juste. Plusieurs fois, lors de la première saison, nous avons vu que ses décisions n'étaient peut-être pas les bonnes, mais il a toujours fait ces choix pour de bonnes raisons.

ROBERT KIRKMAN : Je crois que lorsque les gens verront la saison 2, ils verront que garder Shane en vie était la bonne décision. Ça va déboucher sur des histoires vraiment riches et intéressantes. C'est ça qui m'enthousiasme dans cette série TV. Voir un personnage comme Shane interagir avec Hershel quand ils arriveront dans sa ferme, ça va être terrible, parce que ces deux-là ne se sont jamais rencontrés dans la BD. Donc, si nous allons bien adapter des histoires tirées du *comic book*, plus ou moins comme elles se produisent dans les pages, il restera toujours ce facteur X. Il y a ce personnage en plus qui n'était pas là avant, et ça change tout d'une manière inattendue. Je crois que la saison 2 plaira particulièrement aux lecteurs de la BD parce qu'ils vont avoir ce qu'ils veulent voir, mais ils vont le voir d'une façon très différente. Ça en surprendra plus d'un.

FRANK DARABONT : J'ai hâte de rencontrer le Gouverneur. J'ai hâte de commencer cette histoire. J'ai hâte d'intégrer Michonne et Tyreese. Ces personnages sont inoubliables. Ils laissent un tel impact. Sur nous. Sur les lecteurs du *comic book*. Ce sont ces personnages qu'on préfère. Bien sûr, j'ai aussi hâte d'arriver à ces protagonistes et à ces intrigues parce qu'elles vont être follement amusantes à explorer à l'écran et *via* le développement des scripts.

CHARLIE ADLARD : J'ai hâte de voir arriver Michonne… Ça sera formidable de voir ce qu'ils font avec mon matos. Avec les personnages que j'ai créés.

STEVEN YEUN : Je crois que ce qui va être super, avec l'arrivée de Maggie, c'est qu'elle jouera un rôle décisif dans le développement et la transformation de Glenn. Avant Maggie, il se considère plus ou moins comme jetable. Comme quelqu'un qui peut risquer sa peau parce qu'au pire, il peut partir sur un dernier coup d'éclat, la conscience tranquille après n'avoir rien fait à l'époque du monde « normal ». Mais je crois qu'il va considérer Maggie comme sa seule raison de vivre. C'est énorme.

CHANDLER RIGGS : Il y a deux choses que j'attends avec impatience. Récupérer le chapeau et me faire tirer dessus. J'aimerais bien abattre quelques zombies, aussi. Bien sûr, je n'ai aucune idée de ce qui va vraiment se passer.

L'intrigue finale ne sera pas dévoilée avant que la deuxième saison ne passe à l'antenne mais il y a des indices dans la bande dessinée quant aux différents tournants que pourrait emprunter la série TV…

BON... PUTAIN, QU'EST-CE QU'ON FAIT MAINTENANT ?

HATS
CHECK YOUR SPACE NUMBER AT CURB
PAY HERE

D'autres titres à découvrir si vous avez aimé Walking Dead - Making Of:

- *28 Jours plus tard (quatre tomes) - Nelson, Shalvey & Aragon*
- *30 Jours de nuit (cinq tomes) - Niles & Templesmith*
- *Bienvenue à Hoxford (récit complet) - Templesmith*
- *Brit (un tome) - Kirkman & Moore*
- *Corps de pierre (récit complet) - Casey & Adlard*
- *The Goon (huit tomes) - Eric Powell*
- *Haunt (deux tomes) - Kirkman, McFarlane, Ottley & Capullo*
- *Invincible (six tomes) - Kirkman, Walker & Ottley*
- *Walking Dead (quatorze tomes) - Kirkman, Moore & Adlard*
- *Wormwood (trois tomes) - Templesmith*

Retrouvez la série *Walking Dead*
sur sa page officielle Facebook
www.facebook.com/walkingdead.officiel

Frank Darabont interview material provided by Constantine Nasr.

Photography by Scott Garfield/AMC and Matthew Welch/AMC.

All images courtesy of AMC and Robert Kirkman, with the exception of the following:

Toutes les images ont été fournies par AMC et Robert Kirkman, à l'exception des suivantes:

Pages 46, 59 (bottom), 61 (top left and bottom right), 62 (all), 63, 70, 72, 73 (all), 78, 79 (bottom), 80 (both), 86, 138 & 157 (all): Courtesy of KNB EFX Group, Inc.

Pages 64 (all), 82, 122 (all), 132 (bottom left and bottom right), 135 (all), 154 (all), 155 (all), 176 (all), et 191 (all) : Courtesy of Stargate Studios.

Première publication en langue anglaise en 2011 par Harry N. Abrams, Incorporated, New York sous le titre: The Walking Dead Chronicles
(Tous droits réservés pour tous pays par Harry N. Abrams, Inc.)

Dépôt légal: novembre 2011. I.S.B.N: 978-2-7560-2884-2
Première édition

Traduction: Edmond Tourriol / Makma (Merci à mon épouse pour sa patience)
Lettrage: Moscow★Eye
Adaptation graphique: Trait pour Trait

Achevé d'imprimer et relié en France en octobre 2011 par Pollina - L58657

www.editions-delcourt.fr